いも子さんのお仕事

夢をかなえる焼き芋屋さん

『いも子のやきいも』店主
阿佐美やいも子

マンガ・イラスト
わさび

みらい PUBLISHING

もくじ

第1章　人生を変えた焼き芋屋開業

第2章　焼き芋屋さんの魅力

第3章　三か月で自分のお店をもつ開業ノウハウ

第4章　何はなくとも、さつまいものお話

第5章　開業前に考えたい集客や費用対効果のこと

第6章 「阿佐美やいも子」ができるまで

第7章　焼き芋を通した家族のコミュニケーション

第8章　焼き芋で作りたい未来

第1章

人生を変えた焼き芋屋開業

自分だけの小さなお店がやりたい

阿佐美やいも子と申します。私は、焼き芋屋を開業して18年になります。

ふたりの子どもの子育てをしながら、焼き芋と人力発電かき氷を提供する一方、焼き芋屋開業講座なども行っています。

日頃から私は、「焼き芋屋は自分が楽しく働いているだけで、周りの人が喜んでくれる仕事」とお伝えしています。大変な世の中で、ひとりひとりが精いっぱいがんばっている中、焼き芋屋さんとして少しでもほっとできる瞬間を提供し、皆さんの気持ちが明るくなればと思っています。

人が明るくなると街が明るくなります。子どもたちが明るい街ですくすくと育ってほしい、というのが私の願いです。

自分だけの小さなカフェをやってみたい。でも、資格がない、免許がない、開業資金がない。しかも料理ができない、センスがない。さらにお店を借りてお金が毎月かかるなんて怖い。そんな方が多いように感じます。私自身もそうでした。

そこでまず、私自身が焼き芋屋を開業するまでのいきさつをお話しします。

ですが、私自身の経験は失敗が多いです。それは経営などまったく知らない、お金と時間にズボラな素人だったからです。それどころか、開業前に勤めていたパート先では、言われたこともできない、仕事ができない、「お前の頭は置物か？」なんて言われていました。

そんな私が、どうしてパートを辞め、なぜ焼き芋屋を始めたのか。私の経験を通して一歩踏み出す意義を感じてもらえたら幸いです。

自己肯定感の低さに苦しんで

私は昭和一ケタ生まれの職人の父と、聴覚障がいのある母のもとに、ひとりっ子として生まれました。周りの生活水準より貧しく、古い小さなアパートの部屋で、毎晩両親の喧嘩の声を聞きながら育ちました。アルコール依存症だった父は職を転々とし、毎晩酔って帰宅しては騒ぎました。壁の薄いアパートではご近所迷惑になります。母は近所の目を気にして「やめて！」と叫び、そして始まる夫婦喧嘩……。毎晩のように喧嘩する両親の姿に、私はいつも布団を被って隠れていました。

暴れる父、倒れるタンス、飛ぶ炊飯器。泣き叫ぶ母を助けることができない自分の無力感。この家族や、お金がないことに対して、いつしかクラスメイトの家と私の家は違うと気づき、自分の生まれ育った環境を嫌い、幼いながらも両親から一生逃れることができない絶望を感じながら生きていました。

19歳のころ、同年代の子が楽しく過ごしている中、両親が働いていた工場が倒産。不景気と年齢から両親の雇用先もなく、収入が断たれると知りました。

「私が養っていくのに、どうやって生きていったらいいのだろう」

アルバイトを転々としました。つらく苦しい日々が続きました。自己肯定感はどん底でした。

アルバイトを転々としていた私
ファミレスや…
カラオケ
あ、すんません
工場の仕分け
ネ…ネムイ
試食販売
まだ？
仕事を覚えようと必死になればなるほど
えっと…
周りと合わせられず
おつかれさまー
お先〜
今日はすみませんでしたっ
気楽につき合えない
合わせようと努力しても…
に…にこ？
空気が読めない…!!
ズーン…
自己肯定感はどん底だった…

もっと自分のペースで働きたい

28歳のころ、私は社員食堂で調理師として働いていました。ランチめがけて日に千食も出るような食堂の厨房に、スタッフが10～12人。仕事の効率とチームワークが不可欠な職場でした。

両親は70歳を過ぎていて、毎日家でテレビを見る日々。昼夜逆転の生活、時間をもて余しては、スーパーの安売りを探して購入する父。ある日は誰が調理するのか、アボカドを10個も買い、小さな冷蔵庫が閉まらないほどになっていました。娘としては、「さすがお父さん、いい買いものをしたね」とお礼の一つも言いたいところですが、限界を越えました。母も父に対し「こんなに買って頭がおかしい！」「あっちにいけ！」など、暴言が止まらないほど、思い合えない会話のない家族になっていました。

ある日、専門機関で検査をすると、母も父も認知症の疑いが指摘され、このまま認知症が進まないように、デイサービスを勧められました。ですが、社交性のないふたりがいくわけもなく、家に閉じこもった閉鎖的な日々が続きました。

耳が聞こえない母の通院につき添うのは私。職場はひとり休むとその分の負担をみんなで支える仕事です。休みの連絡も、回を重ねると言いづらく、でも休まないわけにもいかないので、心苦しい気持ちで働いていました。

当時の私は、介護と仕事を両立させる！　と固い意欲をもって仕事に臨んでいたわけでもなく、ただただ、心苦しさからの解放と、もっと自分のペースで働けたらいいのに、と望んでいました。

そんな私の楽しみはカフェ巡り。現実を抜け出して本を読みふけったり、コーヒーを飲んだりしてゆっくり過ごすのが好きでした。いつかは自分のカフェをやってみたい、くつろぎの場を提供したい、そんな思いをもちながら、調理の仕事を続けていました。

カフェ経営の夢はふくらむけれど……

「自分のカフェをやってみたい」と思ったことはありますか？　私が憧れたカフェは、座り心地のいいソファに暖かい色の照明、かわいらしいおしゃれなドリンクとデザートのセット。日替わりランチも大切です。居心地のいいインテリアのお店で、お客さまに喜んでもらう。

これを実現するために何が必要でしょうか?　日替わりメニューの開発。デザートを盛りつける磨かれたセンス、安定しておいしく作れる料理の腕。それだけではありません。店構えやインテリア、動きやすい導線。デザイン力、イメージ力、経営能力も必要……。お店をやりたくても、私には料理の腕もセンスもなければ、経営ノウハウもなく、何より肝心な開業資金がありませんでした。

資金がなければ事業計画を整えて、銀行から借りるという方法もあります。ですがもし借りられたとしても、素人がひとりで経営をやっていける自信はありませんでした。

カフェでお茶をしながら現実逃避をして将来の夢を描いても、いざ現実のものにしようと計画を考えると、あまりに遠い道のりでした。夢を描いたところで、結局、毎朝満員電車に揺られる、変わらない現実。うまくいかない仕事と人間関係。すべてから一旦逃げたくなって、少し休むために食堂を退職しました。

古本屋で出会った、人生を変える一冊の本

仕事を辞めた私は
カフェの開業を夢見ていた
ただ…
現実を知るほど希望はなくなった
カフェ開業のために貯金してたらおばあちゃんになっちゃうだろうな

失業保険をもらい
うーん…
どうしよ…
職業訓練校に通う日々
だけどある日
ふと立ち寄った古本屋で
一冊の本に出会った
移動販売を開業する本

キッチンカーでビジネス街でお弁当を売れるって聞いたことがある…
お店を借りてカフェを開業することが無理だったとしても
移動式のキッチンカーなら簡単なのかも…
パラ…

「たこやき」
「ベビーカステラ」
「移動カフェ」
菓子製造業
喫茶店営業
飲食店営業…
そうか…
こういうお店は
いろいろな設備の
許可が必要なんだ

…ん？
「焼き芋」
焼き芋…？

「資格なし
許可なし
低コスト」
バンッ
!!!

これだ――っ!!!
ぱっ
焼き芋屋さんに
なろうっ!!

ワクワクした気持ちのまま、開業宣言！

焼き芋屋さんなら、今の私のまま開業できるかもしれない！　本を読み進めながら、子どものころにお金がなくてお母さんに焼き芋を買ってもらえなかったことや、高校生の時にアルバイト代をはたいておじさんから買ったのに、思ったよりもおいしくなくてがっかりしたことなどを思い出しました。

だからこそ、私がやるならもっと買いやすく、もっとかわいらしく、みんなの思い出になることができる――古本屋の一角でそんなイマジネーションがたくさん湧いてきて、ワクワクしてきました。まさに運命の出会いです。

そのまま本を購入し、大切に胸に抱き帰りました。抱いたイマジネーションや興奮が冷めやらぬままに、「焼き芋屋さんをやろう！」と決意したのです。

翌朝、職業訓練校でクラスメイトや、始めたばかりのＳＮＳでも「私、焼き芋屋さんをやります」と宣言しました。一歩踏み出す決意をしたのです。大切なのは決断すること、一歩踏み出すと決めることです。

ですが私の場合は、決めることはできたものの、ノウハウもまったく知らず、苦労の連続でした。そこから軌道に乗るまでは、伝説に残るほどの大失敗の連続。その大失敗についてはのちほどお話しします。この数々の大失敗は、私にとって黒歴史ですが、焼き芋屋さんを開業したい方にノウハウをお伝えする講座では大いに役に立ちました。今では「焼き芋屋さんを開業したい」と尋ねてきてくれる受講生があとを絶ちません。私の失敗を生かして、皆さんには楽しく焼き芋屋さんを続けてほしい。そう願っています。

本心は、ただ自信をもちたかった

開業当初は「お店をもつことで夢を叶えたい。一人前になりたい、自信をもちたい」という一心でした。自分に自信がなかった私は、「何か成し遂げないと生きている価値がない」という思いが強かったからです。介護が必要な両親を抱え、商売をしたことがないまったくの素人がひとりで、しかも焼き芋屋さんとして売り歩くということは、一歩間違えたら奇異の目で見られてしまうかもしれない、という不安もありました。

のちに開業してからは「個性的すぎる」とか「我が強そう」などと敬遠されることもありました。そのせいもあって、私の人生、周りの人と同じように結婚、出産とできる気がしない——そんな劣等感を抱いていたこともありましたが、18年たった今、〝人生を変えてくれた〟と感じるまでになりました。

「焼き芋が好きだからやっているの？」と聞かれることもありますが、当時は好きなものを広めるために仕事にしたい、という純粋な思いはありませんでした。今でこそ生きることにだいぶ肩の力が抜け、〝私が好きだから〟焼き芋屋さんをやっていますが、先ほども書いた通り、当初はただただ生きる自信がほしかったのです。

そんな、挑戦することに臆病で、社会経験が少なくパートで働いてもうまくいかなかった私でも、一念発起して開業して続けられるほど、焼き芋屋さん開業はハードルが低いのです。

焼き芋屋さんをやったおかげで、焼き芋が好きな夫と出会い、結婚、出産し、〝誰かに認めてもらわなければ、存在している価値がない〟という働き方から、〝私が好きなことを楽しむことで周りが喜んでくれる〝という生き方に変わりました。ここに至るまで、独身時代からの自信のなさ、産後鬱や育児による孤立、ママ友との人間関係など、自己評価が感じられなくなることは何度もありました。でも、週末焼き芋屋さんとして街に出ることで、ご近所の人や子どもたちが「おいしい」「会いたかった」と喜んでくれる。自分が楽しんで仕事をしているだけなのに、周りの人が喜んでくれることが仕事になっている。そんな幸せな時間が、少しずつ私を変えていってくれたのです。

〝やる〝と決めてよかった

私は現在、８歳と12歳の２児の母をしながら冬は焼き芋、夏はかき氷の移動販売をしています。焼き芋屋さんは、リヤカーでの開業から18年やってきました。

なんか今日はダメだったな～、ちょっと疲れたな、という方が、一日の嫌なことを忘れて笑顔になれるように、ほっと一息つけるように、そんな思いを込めて焼き芋を提供しています。

そのためにも、さつまいもの仕入れ・焼き方にこだわり、子どもから大人まで安心して食べられる焼き芋を焼いています。お客さまにとって「いちばんおいしい」と思ってもらえるような焼き芋を提供するために、その方の好みに合わせられるように数種類の品種を仕入れ、さつまいもの品種によって徹底して焼き方の研究を行いました。品種ごとに違う味や食感を楽しんでもらえるよう、小さめのさつまいも3種をセットにした「食べ比べセット」も用意しています。

赤ちゃん連れのママから、お年寄りまで、男性も女性も、若者も、多くの方が焼き芋を買いに来てくださり、「おいしいです」「いも子さんの焼き芋なら安心して食べられます」と多くの方に喜んでいただいています。とても幸せなことで、18年前のあの時、焼き芋屋さんになることを決めてよかったと思うのです。

私が定期開催している「焼き芋屋さんを開業したいお茶会」では、多くの方から開業についての不安をうかがいます。資格がない、免許がない、開業資金がない、踏み出す勇気がない、そんな方が多いように感じます。私自身もそうでした。それでもたった三か月で開業にこぎつけました。独学だったため失敗も多く、間違えて買ってしまった機材、売れたはずのチャンス、離れていったお客さま、今のやり方から考えると一年目は100万円は損をしたように思います（苦）。

この本を手に取ってくださった皆さんには、失敗や無駄な出費をすることなく、焼き芋屋という仕事を楽しんでもらいたいと思っています。そして、自分らしい働き方を見つけていただけたらと思います。

第2章

焼き芋屋さんの魅力

いも子のタイムスケジュール

焼き芋屋を仕事に選ぶと、どんな生活になるか、イメージできますか？　まずは、私の今の日常をご紹介しましょう。子どもたちの年齢によってリズムはさまざまですが、子どもたちの手が離れてきた現在はこのようなスケジュールで生活しています。

一週間のスケジュール

月　午前　イベント片付け　午後　移動販売
火　午前　自分の時間　午後　移動販売
水　午前　講座や打ち合わせ　午後　子どもバイトさんと芋洗い
木　午前　移動販売　午後　移動販売
金　午前　イベント準備　午後　移動販売
土・日　イベント出店（イベントのない日は休み）

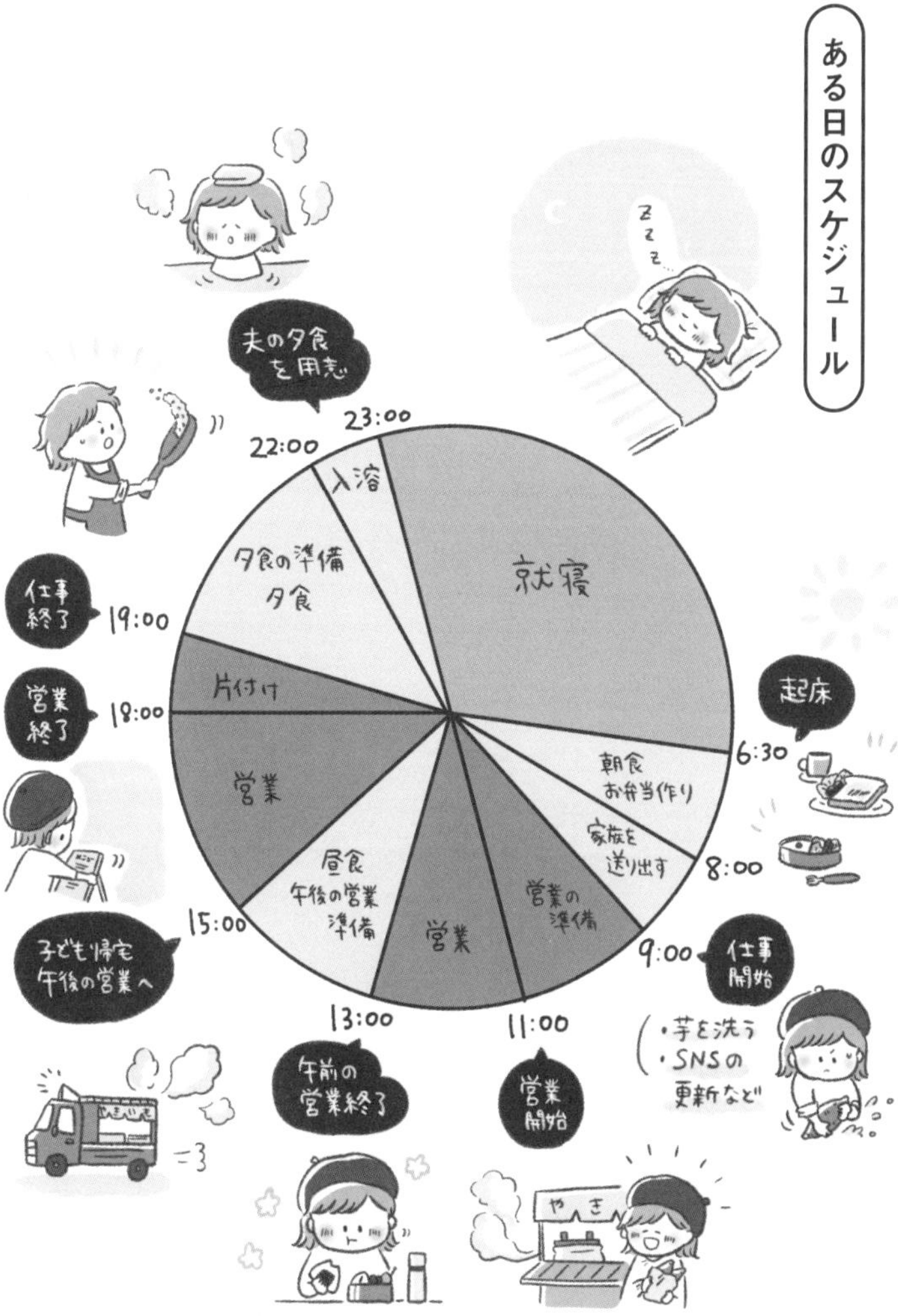

ある日のスケジュール
zzz…
起床
6:30
朝食 お弁当作り
家族を 送り出す
8:00
仕事 開始
9:00
営業の 準備
・芋を洗う ・SNSの 更新など
11:00
営業 開始
営業
13:00
午前の 営業終了
昼食 午後の営業 準備
15:00
子ども帰宅 午後の営業へ
営業
18:00
営業 終了
片付け
19:00
仕事 終了
夕食の準備 夕食
22:00
夫の夕食 を用意
入浴
23:00
就寝
やき

朝の時間、仕事の開始までは〝お母さん〟としての自分を大切にしたいので、朝食作りや片付け、洗濯など、家族としての時間にあてています。ですが、お母さんとしてだけでなく、〝私〟としての時間も取りたいと思っています。子どもたちが小さい時は、自分の時間がまったくない時期もありました。最近は仕事ばかりして、家事が疎かになる時もあります。母・仕事・自分、バランスよくできたら最高なのかもしれませんが、家事と仕事、なんとか折り合いをつけながら過ごしています。

仕事を終えてからの帰宅後は、どの家庭も同じでしょうが、時間との戦いです。最近でこそ、外食やケータリングをお願いするようになりましたが、私自身は幼少期に「外食は贅沢！　贅沢は悪！」という家庭で育ったので、家族に栄養バランスがいい、手作りの食事を作ることこそがいいお母さんと思い込み、餃子は皮から作り、ご飯は土鍋で炊き、すべて手作り。いつしか一生懸命にがんばりすぎて、ついには食べ残す子どもたちを責め立てるようになっていました。これではおいしい、楽しい時間が台無しです。

最近は生協で注文した、材料がセットで入っている料理キットを、私だけでなく息子もひとりで作るという夕飯も増えました。時間だからと無理して食べず、食べたければ食べようというスタイルになっています。もちろん、残すのはもったいないことですが、今は

「自分の心に正直に生きる」という練習をしていると思っています。

焼き芋屋さんを開業しやすい三つのポイント

さて、それでは開業のお話をしていきたいと思います。

焼き芋屋さん開業とひと口に言っても、いろいろな開業スタイルがあります。移動販売型、実店舗型、最近ではネットショップメイン型などです。

この本を書いている現在、移動販売の需要はコロナの影響で高まっています。飲食店が店舗のほかにキッチンカーを導入したり、本業以外にも収入の柱を増やしたい、先の見えない不安から自分らしい生き方をしたいと思って参入している方もいらっしゃいます。待っているだけではなく、自分から各地に出向いてお客さまと出会える移動販売。その中でも焼き芋屋さん開業の魅力について、大まかにまとめると以下の三つになります。

1　低コストで開業
2　保健所の許可なしでできる
3　単品商売で管理が楽

まずはこの三つを順番に「カフェ開業」、「キッチンカー開業」と比較してご紹介していきます。

焼き芋屋さんの魅力1　低コストで開業

小さくてもいいから実店舗のお店を開業したい。そのためには開業資金を貯めて、銀行から融資を受けて計画的に進めていかなければ、初心者が思いつきで開業するには扱えないほどの大きな金額が動きます。

一般的にカフェ開業は1000万円ほどかかると言われています。おうちカフェでも700万円。調理をするための厨房の設備や内装、入り口のデザインをどうするか？　椅子やテーブルは？　夢がふくらむのと同時に金額もふくらみます。毎月の家賃など固定費も考えると、開業資金だけでなく運転資金の準備も必要です。

一方、車での移動販売の場合は、開業資金としては、車両代金、厨房設備を車の中に搭載するための費用がかかります。ですので、自分で改装できる方は低コストに抑えられますが、一般的にはキッチンカー自体を購入することが多く、現在は需要の高まりもあり

400万円くらいと言われています。

しかし焼き芋トラックの場合は、本格的な調理設備が必要なく、焼くための装置を載せる屋根つきの荷台があれば営業できます。近年、キッチンカーブームなど、車両取得が困難だったり値上がりしていたりしますが、新車でも200万円あれば、素敵な軽トラの焼き芋屋が開業できます。

焼き芋屋さんの魅力2　保健所の「許可」がいらない

実店舗のカフェの場合、営業には設備の許可が必要になります。器具を洗う場所と食材を洗う場所を分けた二層シンク、手洗い専用のシンク、トイレとトイレの外に手洗い。そのほか換気扇、食器類を入れる棚、客席と厨房の隔たりになる防炎壁など。保健所には、設備を整えて申請します。許可が降りなかった場合は再度申請します。正式な許可が降りるまで数週間かかります。

次にキッチンカーの場合はどうでしょう。キッチンカーの営業許可は、設備や取り扱う品目、調理内容によって「喫茶店営業」と「飲食店営業」に分けられます。また搭載している水タンクの大きさによっても提供できる品目が変わってきます。

キッチンカーは調理に必要な設備を整えて、営業場所の保健所に許可申請します。営業許可の料金は自治体により異なりますが、最低でも1万円程度です。埼玉県を中心に関東一円でやりたいと思った場合は、埼玉県、東京都、千葉県、神奈川県、群馬県、栃木県、茨城県、7カ所申請したとして約10万円。これが申請の切れる5年ごとにやってきます。

ですが、焼き芋トラックでの移動販売の場合は、調理の設備は必要ない（農作物を加熱するだけで、調理にはあたらない）ため、保健所の「許可」は必要ありません。右と同じ関東一円でやりたい場合も、自分が営業する場所の最寄りの保健所に「届出」を提出することで営業できます。つまり、申請のお金も不要、ということになります。届出の方法は3章で詳しくお伝えします。

焼き芋屋さんの魅力3　単品商売で管理が楽

焼き芋屋さんは仕入れがさつまいも単品でよい、ということも大きいです。この単品商売の魅力は大きく二つあります。
一つは、在庫の管理が非常に簡単なことです。

カフェを開業した場合、ランチ一つをとっても、たくさんの品目があります。その一つひとつをどんな品質のどこの産地のものを仕入れるか、仕入れる量も考えていくため、品物ごとに在庫管理をする必要があります。

　それはキッチンカーでも似たような状況です。例えばハンバーガーショップだとします。メニューは一つですが、食材はバンズ、トマト、レタス、パティ……と、けっこう多岐に渡ります。大勢の来場者が訪れるイベントにたくさん食材を用意していたのに突然の大雨！　お客さまがいなくなり残った食材。そうなった時、もしトマトを50切れ切ってしまっていたらどうしますか？　それがトマトだけじゃなく、レタス、肉、パンと品目が増えていった場合、それらすべて管理することになります。

一方焼き芋屋さんの場合はさつまいもを管理するだけでいいので、簡単です。雨で急な中止になってしまい焼かなかったさつまいもは、翌日使えばいいのです！

単品販売の魅力の二つ目の理由は、「腕を磨くのが簡単」だということ。料理ができなくても、包丁が使えなくても、焼き芋を焼く腕さえ磨けばおいしい焼き芋が焼けるのです。ですが、「ただ焼くだけ」と言っても、だからこそ奥が深いのが焼き芋です。そこは別の章で詳しくお話ししています。

焼き芋屋さんのもう一つの魅力　営業場所を選ばない

さらに、焼き芋の移動販売の場合、道路を移動しながら販売できるため営業場所を選びません。キッチンカーの場合は固定の場所に停車し、販売者が後部座席に乗って作業するケースが多いため、販売する時間の間に安全に停めて販売できる、主に軒先やイベントスペースなど営業場所を見つける必要が出てきます。

コロナの影響で一時期はイベントでの出店がほとんどなくなり、イベントをメインに出店していたキッチンカーの方々は痛手を受けました。もちろん、私の焼き芋屋さんもイベント出店という大きな収入源が絶たれたため苦しかったのですが、車を移動させながら街を回って販売することができました。イベントや行楽という楽しみが少なくなった街の方たちに「焼き芋屋さんが来る」という非日常をお届けすることができました。

人気の焼き芋屋さんにするための７ステップ

さてこれまで焼き芋屋さん開業のハードルがいかに低いか、魅力的かということをお伝えしてきました。

それでは焼き芋屋さん開業に向けて、具体的に準備してみましょう。７つのステップに沿って「人気の焼き芋屋さんを開業する方法」をご説明していきます。

ステップ1　開業すると決める

第1章で〝焼き芋屋さんを開業すると決めて、宣言した〟と書きました。私の場合は、周りの人に宣言し、ＳＮＳでも「焼き芋屋をやる！」と書きました。そこから一気に焼き芋屋さんに関する情報が集まってきました。

まずは周りの人に宣言しましょう！　必要な人のところに、必要な情報が集まってくるからです。宣言した日からあなたの焼き芋屋さん開業ストーリーが始まっています。ＳＮＳを通じて、あなたがどんな道筋を辿って開業するか、注目を集めることになります。何もなかったところからできあがっていくワクワクをたくさんの人と共有しましょう。周りの人もあなたの夢のドラマを通して、一緒に楽しんでくれます。そのためにもまずは決めること。

どうしても宣言できないという方は自分の心の中で決めてください。まずは決断することから始まります。

ステップ２　わくわくするイメージをふくらませる

あなたが焼き芋屋さんをやるとしたら、どんな焼き芋屋さんをやりたいですか？　どんな街で、どんなお客さまと出会っていますか？　売上はどれくらい？　一週間に何日くらい、何時間くらい働きたい？

この質問に対して具体的にイメージが湧いてこなかった方は、まずは「私はこんな焼き芋屋さんがいい！」という、イメージ探しをしましょう。近くの焼き芋屋さんを調べたり、スーパーに買いにいったり、お取り寄せをしたり、SNSで写真を見たり、いろんな焼き芋屋さんに出会えると思います。焼き芋屋さん以外でも構いません。あなたが「こんな雰囲気に憧れるな」「こんな生活をしたいな」「心がときめくな」と思うものにたくさん出会いましょう。さつまいもを仕入れる前に〝あなたの憧れの夢〟を仕入れるのです。気になったものを写真に撮って集めておくのもいいと思います。

ステップ３　自分のスタイルに合わせた開業準備を整える

ひと口に焼き芋屋さんと言っても、いろんな方法があります。どんな焼き方で焼くのか、一週間に何日間営業するのか、どこでどんな形でやるのか？　そこを決めてから開業の準備を進めましょう。焼き方は壺焼き、石焼きどちらにする？　営業方法は移動販売？　実店舗？　スタイルは昔ながらのレトロな感じ？　それともちょっとおしゃれに、北欧スタイルもいいかも？

私は何も考えずに進めたため、初期に１００万円ほどの損失がありました。必要か必要じゃないかの判断をしながら進めることで余計な出費を減らすことができます。

自分だけの小さなお店を出すことは、よりよく生きるため、自分自身を幸せにするための行動です。どんな生活がしたい？　営業時間は？　外せない時間は？　家族や周りの人との兼ね合いは？　自分の生活、やりたいお店、働き方が、焼き芋屋さんとマッチしているか、自分自身の生活を見直して、自分や周りの人が幸せに生きるためにはどんなやり方がいいか、イメージしてみてください。ワクワクするイメージと実際の自分の生活を照らし合わせて進めていきましょう。

ステップ４　焼き方を極める

今はいろいろな品種のさつまいもが手に入ります。ホクホクの紅あずま、なると金時を始めとした昔ながらのさつまいもから、蜜が出るとろーり甘い紅はるかや安納いも、なめらかな食感の紅まさりやシルクスイート、紫色のふくむらさきからオレンジ色のハロウィンスイート、そして太白、花魁、人参芋……。数ある品種の中から、品種に合った焼き方、熟成、季節によって焼き分けることでおいしい焼き芋を極めることができます。お芋の話は、第4章で詳しくお話しします。

ステップ5 戦略を立てる

焼き芋が焼き上がるまでの時間をご存知ですか？ 少なくとも1時間かけて焼くと、デンプンが糖質に変化し、甘くなると言われています。ひとりで移動販売をする場合、焼き上がるまでの時間に何をするか、どれだけ効率よく動けるかが大切なポイントになってきます。そして、集客。「いらっしゃいませ」とお客さまを迎えるその瞬間まで、自分なりにどう楽しく集客するかも大切になってきます。効率と戦略、これも大切なことです。

ステップ6 SNSを使いこなそう

今の時代、SNSをやらずして、お店を出すのはもったいない！「新しいお店はないかな？」「今度のお休みはどこにいこうかな」と検索する方がたくさんいらっしゃいます。デジタルとアナログの融合をすることで、よりお客さまに愛される店になり、人気店に育っていきます。

「ＳＮＳなんてやったことない」という方もいらっしゃるかもしれません。焼き芋ビジネス講座の受講生の中にもＳＮＳ未経験者は少なくありませんが、ＳＮＳの重要性を理解して、50代の方や60代の方が、仲間と一緒に楽しみながらＳＮＳをスタートしています。初心者の方も、すぐに日々の楽しみとして使いこなすことができます。

ステップ７　継続すること

おいしい焼き芋が焼けるようになり、自分のお店を出すことができたら、より多くのお客さまから愛されるお店になりましょう。自分だけの小さなお店ですが、たくさんのお客さまに幸せを届けること、そのためには楽しみながら続けることが大切です。どの起業家、経営者も「モチベーションを保つことが大切」とおっしゃっています。より自分らしく継続するための方法を考えていきましょう。

コラム

焼き芋と焼き芋スイーツを提供したい場合は

近年ブームとなっている、焼き芋スイーツ。焼き芋をモンブランのように絞り出してアイスの上に乗せたり、焼き芋を入れたマフィンなどのケーキ、どらやきも人気です。「残った焼き芋でお菓子を作り販売したい！」ということも、実現可能です。

ただし、焼き芋のみの販売の場合は届出だけで営業できますが、焼き芋をスイーツとして販売したい場合は許可が必要になります。スイーツの場合は「菓子製造業」という許可が必要です。２０２１年７月の食品衛生法改正から、菓子製造業の許可でドリンクが販売できるようになりました。

焼き芋スイーツ、焼き芋ドリンクを販売したい方で本格的に挑戦したい方は、菓子製造業のお店をオープンするものいいかもしれません。調理設備は、自宅の改装で対応できる場合もあります。

菓子製造業	
保健所の許可を取るために必要な設備	保健所の設備の許可 ２層シンク・手洗いシンク 給湯設備・キッチン以外の更衣室 (イートインの場合は客用トイレ・手洗い)など
必要な資格	食品衛生責任者
販売できる品目	焼き芋 焼菓子・生菓子・パン・サンドイッチなど ドリンク販売 ※アイスクリームは許可外
販売方法	テイクアウト イートイン ネット通販

第3章

三か月で自分のお店をもつ開業ノウハウ

開業するために必要な資格は？

さあ、実際に焼き芋屋さんを開業するとしたら、どんなことが必要でしょうか。この章では焼き芋屋さんの開業に必要なことをお伝えしていきます。焼き芋屋さんの開業に興味がある方も、それ以外のお店に興味がある方でも、読みながら「実際にお店をやるためにはこんなことが必要なんだな」という、ワクワクするイメージをもっていただけたらうれしいです。

近年までは「資格も許可も、何も要らない焼き芋屋さん開業」でしたが、２０２１年６月から食品衛生法が改正となり、焼き芋屋さんにも必要な資格や申請ができました。それは第2章でも書きました、食品衛生責任者の資格と、保健所への届出です。

でも、それほど面倒なことはありません。これらは一日の講習で簡単に取れます。具体的に説明していきますね。

食品衛生責任者の資格を取ろう！

食品衛生法の改正で、営業許可や届出対象となるすべての施設に、食品衛生責任者を設置することになりました。

食品衛生責任者となるには、以下のいずれかの資格等が必要です。

・調理師
・製菓衛生師
・栄養士
・食品衛生責任者養成講習会を修了した者

ここでは食品衛生責任者ついてお話ししていきます。

各都道府県の食品衛生協会が開催する「食品衛生責任者養成講習会」を受講することで、一日で取得することができます。会場にいけない場合の受講はパソコン等を利用したeラーニング方式でもできます。

受講された方の話を聞くと、講習会で配布されるテキストはわかりやすく、読みものとしてもおもしろいそうです。焼き芋屋さんだけでなく、家でも役立つ内容です。

そして、講習のあとに試験があります。ですが、資格の取得率はほぼ100％となっています。講習会も一日参加するだけで事前勉強も不要。かなりハードルが低いのでご安心ください。講習後にもらえる受講修了証（確認証）が資格所有の証明となるため、大切に保管しましょう。

費用は受講料約1万円（地域による）と、受講修了証交付の事務手数料2000円です。講習会は月に複数回定期的に開催されています。日程や会場はホームページや保健所で確認できますが、注意点としては試験の開催頻度は多いものの、会場の規模が小さい場合が多いため満席となってしまっているケースが多いです。スケジュールがわかり次第早めに申し込む気持ちでいてください。

食品衛生責任者の資格は各都道府県の自治体ごとで与えられていて、平成9年度以降に取得した場合は、一度取得した資格を全国どこでも使うことができます。この資格を取得する過程で得た知識を、食品衛生責任者として役立てていきましょう。そしてお店やお客さまの安全を守っていきましょう。

保健所に届出をしよう

　これまで全国どこにでも自由に出張できた焼き芋屋さんですが、現在は営業する場所を管轄する保健所への届出が必要です。届け出る方法は二つ。一つ目が直接保健所にいって営業届出の書類を書くこと。二つ目はインターネットでの提出です。

　この時食品衛生管理者の資格が必要になります。保健所からはＨＡＣＣＡＰ（ハサップ）とよばれる、原材料の受け入れから加工・出荷までの各工程で「微生物による汚染や異物の混入などの危害を予測」し、「危害の防止につながる特に重要な工程を連続的・継続的に監視し記録する」といった、安全性を確保する衛生管理手法をもとにしたノートの記載を求められます。こちらも義務化されました。具体的に焼き芋屋さんとしては原材料の受け入れ確認、器具の洗浄、消毒、健康管理、衛生作業着、手洗いなどを日々チェックします。

　営業したい場所ができたら管轄保健所に届出をします。営業の１～２週間前くらいまでには届出を出しましょう。

インターネットによる提出

届出は、厚生労働省のホームページから「食品衛生申請等システム」を使うと、自宅にいながら届出をしたい保健所に申請することができます。操作についての問い合わせも厚生労働省のページからできます。届出内容に質問がある場合は、届け出たい保健所に直接問い合わせると安心です。

※食品衛生責任者の資格、保健所への届出についての情報は、２０２２年秋現在のものです。

どこから仕入れる？　さつまいもを仕入れる方法

さつまいも入れる方法は主に三つあります。青果店さんから仕入れる、農家から直接仕入れる、市場から仕入れる。ほかにも、自分で育てるという方法もありますが、それは一旦置いておいて、ここでは仕入れについてお話ししていきます。主婦が自宅の

軒先で営業するためには、自分に合った方法で、一日の限られた時間を効率よく使い仕入れることが大切です。

仕入れ方法①　青果店などお店から仕入れる

簡単な方法として、青果店、直売所など近くの信頼できるお店から必要な量を仕入れることができます。開業したばかりなので少量だけ仕入れたい、営業できる日数が少ない、時間がない、という、小さく焼き芋屋さんを始めたい方におすすめの方法です。

青果店に「焼き芋屋さんを開業するのですが、お店からさつまいもを仕入れることはできますか？」と聞いてみましょう。仕入れたいさつまいもの量、どんな品種を取り扱っているかを聞きます。隙間時間に開業する場合は、さつまいもを受け取るタイミングも重要になってきます。無理せず仕入れられる時間帯を見つけて仕入れにいきましょう。中には配達をしてくれるお店もあるかもしれません。

そして何より青果店から仕入れる最大のメリットは〝間に目利きが存在する〟ということ。その分手数料は取られて仕入れ値が高くなるかもしれませんが、さつまいもは自然のものですから、中には

傷んでいた、おいしくなかった、というものが手元に来ることも考えられます。そこを信頼できる青果店から仕入れることで、場合によっては返品もできるかもしれません。

仕入れ方法②　市場から仕入れる

青果店が主に仕入れているのが市場です。多くの焼き芋屋さんは大量にさつまいもを仕入れるため、市場から直接仕入れる場合も多く、私の受講生で開業された方も、近くの市場に問い合わせて仕入れている方も多くいらっしゃいます。

メリットとしては、仕入れ値が下げられること。デメリットは、近くに市場がない場合は自分で取りにいくので時間が割かれるということです。例えばわかりやすく、10キロ5000円のさつまいもを仕入れるために1時間かかって取りにいった場合、あなたの時給が1000円だとしたら10キロ仕入れるのに6000円かかる計算になります。ママが副業でやるために、少しの量を青果市場まで取りにいくと考えると、効率的ではないかもしれないのでここは要注意です。

仕入方法③　農家から直接仕入れる

友達の田舎がさつまいも農家だった、近くで育てている――そういうアナログな関係もありますが、近年ではネット販売をしている生産者も多数いらっしゃいます。直接仕入れることで安く仕入れられたり、珍しい品種を手に入れたりすることもできます。

デメリットとしては、傷んでいた、思っていたのと違ったという場合も自己責任であることと、遠方の場合は送料がかかるということです。こちらも10キロ5000円のさつまいもを仕入れるために1000円の送料がかかったら10キロ6000円の支出になってしまいます。

私の場合は「何キロまでがいくらで同梱できるのか？」を聞き、少しでも送料が少なくなるようにたくさん仕入れています。ですが、たくさん仕入れてもさつまいもが傷んでしまったらもったいないので、使い切れる分を仕入れる、届いたら芋の管理を徹底することを忘れないでください。

自分の営業スタイルとかけ離れた仕入れ方法や、利益が薄くなる方法だとつらくなるので、収入と時間のバランスをご自身で見極めることが大切になってきます。

焼き芋を焼く機材はどうする？

焼き芋を焼くための機材を揃えていきましょう。その中でも特に大きなお買いもの、高額なものは焼き芋機です。開業の際にかかる大きな費用は機材〈どんな機材で焼くか〉と、機材を積んで移動する方法〈何で移動するか〉です。

焼き芋を焼くと言っても実はいろいろ。まず焼き方には大きく分けて、

- 直接型（ガスや薪）／オーソドックスな石焼き芋
- 輻射熱型（炭・ガス）／壺焼き・オーブンなど

の二つがあります。

直接型

その名の通り、焼けた石の上に、直接さつまいもを並べて焼いていきます。さつまいもの皮に直接石が当たるため、皮が焦げて香ばしく焼き上がるのが特徴です。紅はるかや安

納いもなどは、焦げた部分がプリンのカラメルのようになり、焼き芋の甘さのアクセントになってとてもおいしいです。

移動販売でトラックの上に石焼き釜を載せているのが昔ながらの焼き芋屋さんのスタイルですが、地域によっては石を温めるためのＬＰガスの契約ができなかったり、薪の場合は煙が嫌がられたりといった問題も出てきています。

軽トラにガス式の石焼き釜を積んで焼く場合は、ＬＰガス契約ができるか確認が必要です。この場合は、

・8キロボンベであること
・ガス屋さんから30分以内の場所で営業、または決まった営業場所でのみ営業

といったルールを設けているガス会社が多いです。数年前に大きなガス事故があって以来、従量販売の新規契約がしにくくなっているケースがあるため、石焼き釜を購入する前には、まずＬＰガスの契約先を見つけてからにしましょう。

輻射熱型

温めた装置の中にさつまいもを入れます。石焼き芋のように、さつまいも自体に直接熱が触れるのではなく、遠赤外線の輻射熱で焼くため、皮の焦げ目はできにくいのが大きな特徴です。

よく知られるようになった壺焼き芋ですが、こちらは壺の中に七輪を入れ、その上に針金などでさつまいもを吊るし、炭の輻射熱で焼いていきます。遠赤外線でさつまいもの甘さが凝縮し、しっとり系はよりしっとり、ホクホク系はよりほっくり感が増した仕上がりになります。

よくお客さまから「壺焼きと石焼きはどう違うの」と聞かれます。私の感覚では、壺焼きの方が身がギュッと詰まっている感じがして甘さがより濃縮された仕上がりになります。石焼き芋の方が皮が焦げて焼け、壺焼き芋の方が焦げ目なく焼き上がります。香ばしさの点では、石焼きです。この辺りも人それぞれの好みだと思います。

スーパーやコンビニの店頭で置かれているのが電気式です。こちらも遠赤外線の輻射熱で焼くため、焦げ目ができずに焼き上がります。

電気式の場合は、電源が必要になります。電源が使える場所ならコンセントから取って焼くことができます。電源が取れない場所ではポータブル蓄電池を使用するか、発電機を使用することになります。蓄電池は、20本ほど焼ける焼き芋器の場合、1時間に1kwだとすると2kwの大きな蓄電池でも2時間ほどしかもたないため、移動中のみに使用する、など工夫が必要です。

同じ場所に停車して焼く場合は、発電機を使うこともできます。多少の音と匂いが出ますが、最近の発電機は昔のものに比べて静音で匂いも少ないです。発電機を選ぶ時も、1時間あたりの発電量と釜の1時間あたりのワット数を計算してから購入しましょう。

機材を手に入れる方法と注意点

近年はなんでもインターネットで手に入ります。私も焼き芋屋さんを始めようと思った時、インターネットでどんな焼き芋機がいいか調べました。

焼き芋屋さんとして営業していくためには1時間程度で焼け

ないと、お客さまに焼き芋を提供する数を確保するのが難しいです。回転しなければ本数を確保できない。必然的に1本あたりの値段を上げる、または機材を増やすことになります。もし2時間かけて焼きたいという場合、価格を上げるか装置を増やさなければ、1時間あたりの売り上げは半分になってしまいます。

街の焼き芋屋さんをやるなら、〝焼き芋は1時間で焼く〟。これは最低限守りたい時間です。時間がかかると回転率が落ちるため、「いついっても売り切れている」「どうせないだろう」と言われてしまうので、お気をつけください。

機材を買う時の重要なポイントは、1時間に何本焼けるか、です。

移動の手段　リヤカーの場合

私の場合は、車の運転をしたくない、小さくかわいく営業したい、ということで、迷わずリヤカーで開業することに決めました。ゆっくり歩いて回るため、遠くにはいけませんが、リヤカーには昔ながらのレトロ感があります。

当時、職人さんが手作りで作ってくれたリヤカーは現在も使っていて、何がよかったかと言うと、積み込み部分が木製なので自分で直すことができた点です。壺もどんな壺なのか、大きさも届いてみないとわからなかったので、自分でメンテナンスできる木製のリヤカーは使い勝手がよくおすすめです。

リヤカーの長所としては、小回りがきくこと。車が入れないような細い路地でもリヤカーなら入れます。駐車スペースも小さく済むため、気軽に停めて営業しやすいのが特徴です。ただ、やはり移動距離が短いのが難点。歩いて10分の距離でも、リヤカーを引いて歩くと20分はかかります。商圏が歩いて移動できる範囲になるため狭くなります。そして、リヤカーの積載には重量制限があり、リヤカー込みで１２０kgまでとされています。私の場合壺と合わせて１００ｋｇほどですが、なかなか重いため、体力勝負です。

リヤカーの場合の注意点としては、リヤカーは軽車両にあたるため、自転車と同じ交通ルールに従い車道の路側帯を通行します。歩いてリヤカーを引いていても歩行者ではないので、歩道は歩きません。

移動の手段　軽トラックの場合

昔ながらの軽トラで薪を燃やし焼き芋を移動販売する焼き芋屋さんがいらっしゃいます。遠くから見える小さな赤い火。薪の燃える香りと焼き芋の焼ける香りはとても風情があり、「これぞ焼き芋屋さん」という雰囲気が魅力的で「焼き芋が食べたい」「呼び止めて買ってみたい」という衝動に駆られます。その一方で、薪の煙が苦情として入ったり、都会では薪が手に入らなかったりと営業が難しく、近年ではガス式の釜が多くなっています。

軽トラにガス式の石焼き釜を積んで焼く場合は、プロパンガスが必要です。また、電気で焼くタイプの場合は、電源が必要です。それらの詳細は、60ページからの機材の説明のところに書きました。

軽トラックでの販売の特徴を挙げると、長所は大きく二つあります。リヤカーと違い楽に移動できることと、たくさんの荷物を運べることです。焼き芋の重い機材、大量のさつまいもやプロパンガスも、釜や芋を入れた積載量の350キロの重量一杯に積むことができます。

焼き芋のトラックで移動販売する際はゆっくり走りたいですが、ほかの車の妨げにならないように路肩を走りつつ、歩行者の方に危険がないように気をつけます。音楽を聞いて買いに来てくれるお客さまがいるかもしれないので、玄関のドアが開く、人が動いた気配をミラーで確認します。お客さまが来たら軽トラックから降りて販売します。道路使用許可のいらない焼き芋の移動販売とはいえ、どこにでも停めていいのではありません。「移動する」という前提なので看板などは道路上に置かず、軽トラックに乗せたままにしょう。また、スピーカーから音楽を流して売る場合、停めて販売する際には音量を下げましょう。道路交通法を守って営業しましょう。

売る場所はどうやって決める？

移動販売の場合、出店場所はどのように見つけているでしょうか？

私自身の経験と、私が主催する開業講座をこれまで受講し開業した方々の経験をもとにお話ししていきます。

①流し売り

「やきいも～」の昔ながらの営業スタイル。お客さまがいる場所に自分が出向いて販売する移動販売の特徴を生かし、売り声を流しながら販売します。人通りが多いところ、常連さんのいるところなど開拓しながら販売します。お客さまとの一期一会を大切にしながら、その場で自分の魅力を伝えることが大切になります。

②軒先で販売

ママやシニアがマイペースに手軽に始められるのが軒先での販売です。自宅の駐車場に焼き芋の機材を出してきて営業したり、小屋を建てて販売したりしている方などがいらっしゃいます。自宅の場合はご近所さんへの配慮や集客など、クリアするポイントはありますが、自宅にいながらできるため、家庭との両立がしやすく、自由度の高さが特徴です。

ほかにもお店の軒先に軽トラックやリヤカーなどを固定で停めて数時間営業するスタイルでしている方もいらっしゃいます。個人商店や直売所、カフェなどの軒先、美容室の駐車場などでやっている方もいらっしゃいます。

③イベント出店

週末など、イベントが開催される場所に、出店者として参加します。出店料がかかる場合が多いですが、集客力があるイベントならお客さまがたくさん来てくれて、多くの売上が見込めます。注意点としては、思った以上に規模が

小さく、大量に用意したさつまいもが残ってしまったとか、逆に足りなくて、もっともっていけばよかったという場合もあることです。

イベントは主催者の方の努力のもと、みんなの力で作り上げます。そのイベントの一員として、イベント自体を盛り上げるためにお客さんに告知するなど、できる限りのことをして臨みます。

一日の作業の流れ

最後に、焼き芋屋さんの一日の流れをざっと説明します。
一日の作業は大まかに決まっています。準備をして芋を焼く、販売する、終わったら片付けです。おおよその時間を計算し、家事や育児と相談しながらやっています。私の場合のおおまかな所要時間も書きます。

準備（1時間）

芋の準備は、土つきのさつまいもの場合は洗います。釜の掃除をしたり、石焼きの場合は石を洗ったりします。そのほか、お客さまをお迎えするお店であるリヤカーやトラックをきれいにしたり、ＳＮＳに営業情報を投稿します。

芋を焼く（1〜2時間）

とにもかくにも、まず点火しないと何も始まらないので、掃除が終わったら優先して火をつける準備をします。電気オーブンの方は簡単ですが、炭や練炭を起こす場合は、その日の天候や炭の状態に左右されることもあります。石焼き釜も、釜を温めるのに時間が必要なため、どちらも実際の焼き始めまでは約30分ほど見ておくと安心です。

釜が温まったらさつまいもを並べ、15分〜20分くらいでひっくり返し、釜の性質を見極めながら、焦げすぎないよう、焼きむらにならないように、1時間ほどかけておいしく焼いていきます。初回は1時間半近くかかりますが、機材が温まっている二回目以降は1時間程度で焼き上がります。

売る（2〜3時間）

焼き芋が焼けたら販売します。自分がどの時間帯なら働けるのか、お客さまが買いやすいどの時間帯なら売れるのか、バランスを見ながら営業時間を決めていきます。お客さまが買いやすいよう、値段もわかるように表示します。販売しながらお客さまとコミュニケーションを取って、楽しく売れるように工夫しましょう。

片付け

営業が終わったあと、掃除をしたり、売上を集計し記録します。大切なのは火の始末。炭を消す、またはガスが閉まっているかしっかり確認します。残った生のさつまいもは寒いところに置いておくと傷んでしまうので、暖かい場所に移動します。

第4章

何はなくとも、さつまいものお話

近頃はたくさん品種が増え、昔ながらのホクホクの品種から、しっとり甘いものまで多くの焼き芋が増えました。それぞれに実は味が違うさつまいも。おいしいさつまいもを安定して手に入れることは、焼き芋屋さんにとって、とても重要なことです。ここでは品種についての説明や仕入れについてお伝えしていきます。

近年のさつまいもの傾向

蜜が出る甘さたっぷりの紅はるかや、絹のようになめらかなシルクスイートを代表とするしっとり甘い品種など、近年ではスーパーの焼き芋器が普及し、焼き芋を手軽に買うことができます。ＳＮＳやメディアでも「映える」焼き芋は、見ている人の食欲をそそります。

生産量の推移から見ると、平成29年ではこのようなランキングでした。

1位 コガネセンガン（作付面積：７８９３ｈａ）22・2％
2位 ベニアズマ（作付面積：５５８０ｈａ）15・7％

3位 べにはるか（作付面積：4656ha）13・1%
4位 高系14号（作付面積：4211ha）11・8%

それが令和2年になると
1位 コガネセンガン（作付面積：6827ha）21・5% 加工用
2位 べにはるか（作付面積：5799ha）18・2%
3位 ベニアズマ（作付面積：3926ha）12・3%
4位 高系14号（作付面積：3191ha）10%
※出典：農林水産省「いも・でん粉に関する資料　かんしょ品種の普及状況」令和元年・3年度版より　※小数点第1位を四捨五入記載

べにはるかが人気があるのがわかります。しかし新聞記事などで「昔ながらのホクホクの紅あずまが足りない」という記事を見かけます。「10年前より価格が4～5割上昇、作付面積が6割に減少」というもの。お菓子の材料として使用するのにホクホクの紅あずまでなければ出ない食感や硬さがあります。これが紅あずまの魅力です。

そもそも、「おいしい焼き芋」って？

甘くておいしい焼き芋ください
お客様からそう注文いただくことがあります
甘くておいしい焼き芋最高ですよね…
でも「甘い焼き芋」も「おいしい焼き芋」も実は人によって違うんです

例えば年配のご婦人のお客様の場合…
焼き芋屋さんだなんて懐かしいわ！
どんな焼き芋がお好きですか？
ん〜そうねぇ…
最近の焼き芋は柔らかくて食べた気がしないからホクホクしているのがいいわ
こういった場合は
でしたらこちらがオススメですよ〜
ホクホク系の品種からオススメしますが…

同じような年代でも
こういう方も…
昔の味はイヤ!!
いい思い出がないわ
もそ…
それよりも今のねっとりとした甘いお芋が好きよ
年代で一括りにはできません
人それぞれのおいしさがあって
焼き芋に求めているものも違うのです

ホクホク系が好き？ それともしっとり系？

ひと口においしい焼き芋と言ってもさまざまです。そのため、「いも子のやきいも」では食感や甘さが異なる2種類の品種を用意して、「どんなお芋が好きですか？」とお客さまのご希望に近い焼き芋をおすすめします。どちらがいいか選びきれないお客さまもいるので、2種類入った食べ比べセットも用意して、お客さまの好みの焼き芋と出会えるよう工夫しています。同じお客さまが次に来られた時に「○○がおいしかったよ」「焼き芋と言っても、味が全然違うんだね」とお話ししてくれます。甘さ、しっとり感、香り、「これが好き！」という好みは人それぞれ。もちろん、農産物なので個体差もあります。シンプルだけど、味の好みも分かれるから、お客さまが自分の好きな味を発見したり、リピーターになったり、いろんな展開が期待されます。

不幸なのは、ホクホク系が好きな人にしっとりとした柔らかな焼き芋を渡してしまい「あそこの焼き芋屋さんはベチャベチャしておいしくない」とがっかりさせてしまったり、逆にしっとり系が好きな人にホクホク系の焼き芋を渡すと「あそこの焼き芋は、あまり甘くなくてもそもそしている」と言われてしまうことです。焼き芋自体の味や焼き加減は悪くないのに、受け止め方の違い、出会い方の違いで焼き芋に対しても、お店に対しても、ネガティブなイメージをもたれてしまいます。せっかく焼き芋屋さんを開業してお客さまに買いに来てもらうなら、コミュニケーションを取って、お互いが幸せな時間を過ごせるように、相手の好みに合わせた焼き芋をお渡しできたら最高です。

「しっとりとホクホク、どちらがお好きですか?」と販売の際にお客さまに尋ねると、逆にお客さまから「おすすめはどちらですか?」と聞かれることがあります。以前の私はしっとり系が好きでした。しっとり系なのにホクホク感とコクもある安納紅。甘くてしっとりの紅はるかも捨てがたい！　と思っていたのですが、最近は紅あずまのホクホク系のおいしさを再認識しました。夫と息子は紅あずまが好きです。

実はこの紅あずま。秋、収穫したばかりのころはホクホクしていて、まるでじゃがいもみたいですが、ひと冬越えて、3月から4月ごろになるとしっとり甘くなります。保存がよければ、夏までその味を楽しめる。いろいろな楽しみ方ができる品種です。

しっとり系の紅はるかが広く売られるまで、私の住む関東のスーパーの店頭で売られている主流の品種は紅あずまでした。ホクホク系のさつまいもですが、熟成することによって紅はるかのようなしっとり感が出てきます。

かたや、しっとり系の代表は、紅はるかやシルクスイート。甘くて、水分が多めでノドに詰まらない。最近、しっとり系の人気が高まっています。特に紅はるかは焼き手の側からも扱いやすく、多少、焼き加減のタイミングがズレていても、おいしく焼ける、懐が深い品種です。そのため開業したばかりの方におすすめなのですが、たまに紅はるかの焼き芋を購入して食べると「焼きすぎかな」と思うものも販売されているので、油断大敵です。

品種に合わせたやり方を試してみよう

ご当地品種と徳島県のなると金時を始めとする「高系14号」を選抜改良した、石川県の五郎島金時、香川県の坂出金時、宮崎県の宮崎紅、千葉県の千葉紅や愛娘、高知県の土佐紅など、同じ系統・同じ粉質の食感でも少しずつ甘さや風味が変わってきます。

そのほか古い品種として紅赤、七福、太白などがあります。焼き芋にしておいしい、おいしくないは好みの問題なので、手に入ったらぜひ焼いて食べてみてください。

さつまいもの品種は60種類以上。農林水産省のホームページにもたくさん出ています。数ある品種の中から、品種に合った焼き方、熟成、季節によって焼き分けることでさつまいもの実力を引き出して、お客さまに喜んでもらえる焼き芋をお届けください。

プロなら焼き分けよう

「ホクホクの紅あずまはパサパサしてあまりおいしいと思ったことがない」という声もよく聞きます。私が開講している焼き芋ビジネス講座の実技「スパルタ焼き芋塾」では、数品種のさつまいもを焼きます。

その中でも紅あずまは焼き加減が難しく、焼きすぎてしまう方、焼いている途中に芋を崩してしまう方もいらっしゃいます。でも上手に焼けると、秋は栗のようなホクホク感、春には紅はるかのようなしっとり感があります。

一方、初心者にも焼きやすく甘くてしっとりの焼き芋の代名詞になった紅はるか。身を崩すことも少なく、焼きすぎても、焼き時間が足りなくても、ホクホク系の芋のように「パサパサしている」ということがほとんどなく、初心者にもとても焼きやすい品種です。

近頃は「焼き芋といえば紅はるか」と言われるほどになりましたが、紅あずまなどホクホク系がおいしく焼けるようになると「あそこの焼き芋屋さんは選べる」「ホクホク系がこんなにおいしいなんて教えてくれてありがとう！」と、お客さまとの新しいコミュニケーションで絆が深まるかもしれません。

おいしくない焼き芋には理由があった

開業当時の話をしましょう。

焼き芋の焼き方もさつまいもの品種についても知らなかった私は、もちろん仕入れる方法も知りません。ネットや本で調べて「さつまいもは市場で安く仕入れよう」と書いてあったので、市場に電話をし、仲卸さんを紹介してもらいました。その時に親切な担当の方が「焼き芋屋さんが買っていくのはこのランクのさつまいもだよ」と目利きしてくれました。形が曲がっているもの、細いもの、皮が剝けているものもありました。「どうせ焼いて売るからみんなこういうのを買ってるよ」と安くしてくれました。

さつまいもは同じ品種・同じ生産者でも「畑によって味が違う」と言われるほど、味の違いが出てきます。世の中には小さくておいしいさつまいもはたくさんありますが、私が開業当初市場で仕入れたものは、甘さが薄かったので売ってもいいか不安で、何より食べると口に筋が残りました。その上焼き方が悪かったこともあり、お客さまに大変不評でした。

おいしくさせようとしてさらに悪化

仕入れてしまった筋が多い、水っぽく味が薄い、商品にならない大量のさつまいも。どうしよう、と悩む日々が続きました。焼き芋にしてもおいしくない。赤字にすることもできない。どうにかしようと、さつまいもをおいしくさせる方法を検索しました。塩水に漬けるといい、天日干しにする、アルミホイルに包んで焼く……さまざまな方法を実行してみました。とにかく、お客さまに「おいしい！」と喜んでもらいたい一心です。この方法でおいしい焼き芋を焼けるようになるならありがたいのですが、食べてみても、どれもおいしい気がするけど正解がわからない。お客さまに食べてもらうしかありませんでした。

塩水に漬けた
焼き芋は
なんで焼き芋なのに
しょっぱいの？・
これをおいしいと
思ってるの？
…と呆れられ
アルミホイルに
包んで焼いて
しっとり感を
プラスする方法は
ふかし芋じゃ
ないんだから
皮が
おいしくない
…と言われ
一番反応が
薄かったのが
天日干し
ベランダに大量の
芋をローテーションで
干し…
表裏を返し
入れ替え…
手間がかかったのに
おいしくない…！
結局焼き芋の味を
決めるのは
「焼き方」と「仕入れ」
だと改めて思った

焼きたてを提供したい！

焼き芋はさつまいも自体が大きくても小さくても、焼き方が石焼きでも壺焼きでも、ベストな焼き時間は約1時間。これはさつまいもを焼く装置に入れてからおいしく焼き上がるまでの時間です。

例えば移動販売やイベント出店の場合なら、終了時間を考え、終了時間の30分前までには焼き上がるようにして、最後の30分で売り切るようにします。ただ、自分のところのスタッフや近くのブースの方が買ってくださるというのなら、終了後に身内で分ければいいので、焼き上がりが終了時間間際になっても大丈夫です。このようなことは、実際に何度も出店する中で覚えていくこと。失敗したこともあります。だからこそ、段取りは大事だと身をもって感じます。

だけど、焼きたてがすべてじゃない

焼きたて、ホクホク、温かい焼き芋がおいしいのは間違いありません。ですが、それだけが人気のすべてではありません。冷めた焼き芋には価値がないのか？　もっと言えば、甘くない焼き芋には価値がないのか？　どう思いますか？

焼き芋の魅力はその場でハフハフと食べておいしい、ということもありますが、小さな子どもだと熱くてなかなかすぐに口に入れられません。「お腹が空いた、今すぐ食べたい」と親子で買いに来た時に、「熱いと食べられないから冷めている焼き芋をください」と言われることもあります。少し冷めた方が甘さを感じやすく、焼き芋自体の甘さや風味を味わってもらうこともできますし、「翌日まで寝かせたほうがしっとりしているから」とあえて冷ますお客さまもいらっしゃいます。近年では冷やし焼き芋も人気が出てきました。

焼き芋は焼きたてだけにすべての価値があるわけではなく、焼き芋屋さんだからこそできる食べ方の提案をしながら、お客さまとのコミュニケーションをとり「この焼き芋屋さんで買ってよかった。また食べたいな」と喜んでもらえるのがいちばんです。

「もうひと口食べたい！」と思わせる焼き芋

焼き芋は
「甘い」「あつあつ」がすべてではありません
「おいしくてまた食べたくなっちゃう」
そう思ってもらえるような焼き芋を
私は提供したいと思っています

世の中に
甘い焼き芋は
たくさんあります
さらにそこに…
一口目で香る
焼き芋を
焼いた香り
皮の香ばしさ
風味…
皮と身の間の
ちょっと焦げた
ところ
端っこの
よく焼けた
ところ
真ん中の
ホクホク感が
残るところ…

人それぞれいろんな好みがあると思いますが
一本ずつ手作業で焼くからこその違い・・・
甘いだけじゃない香りや風味が
口いっぱいに広がることで

ある日ふと
あの時の焼き芋…また食べたい
そういう瞬間がくると思っています
お客様の記憶に残るまた食べたいと思ってもらえるような
香りと甘さのある焼き芋を
焼いてください
きいも

コラム

家でおいしい焼き芋を楽しもう

家庭で焼き芋を作ったけれど、「あまり甘くなくておいしくなかった」という声を聞きます。あまり甘くない理由は二つ考えられます。

一つは芋の調理の際の加熱温度と加熱時間、もう一つは芋の熟成具合です。

焼き芋屋さんの焼き芋が甘いのは、芋の内部を長時間60～75℃程度に保って焼いているからです。この温度帯はさつまいもの酵素が活発化するとされています。デンプンが加熱され約60℃から糊化デンプンに変化し、加熱とともに進んでいきます。糊化したデンプンにアミラーゼという酵素が作用し、麦芽糖に変化させます。アミラーゼが活性化する温度は60～70℃、80度を超えると活性が減り、90℃でほぼ作用しなくなると言われています。つまり60～70℃で長時間加熱をすることで、デンプンが麦芽糖に変化し、芋のデンプンが麦芽糖という甘味成分に分解されやすくなります。家庭で焼き芋を焼く場合、この加熱温度を保つことが難しく、芋の内部温度を一気に上げてしまうことが多いのです。電子レンジでチンして加熱すると酵素が活発化する前に火が通ってしまうため、ゆっくり低い温度で1時間かけて焼くことが大切です。

手軽に家庭で焼く場合のおいしい焼き芋を焼くポイント

1、アルミホイルを巻かない

アルミホイルを巻くと、せっかくの焼き芋がふかし芋のような仕上がりになります。ホイルを巻かないことで、皮のパリッと感が出て焼き芋屋さんの焼き芋に近づきます。

2、大きすぎないさつまいもを選ぶ

家庭で焼くのに、大きすぎるさつまいもは火が入りにくく、トースターやグリルの中にも収まらず、中まで火が通らない場合があります。小さいからおいしくないということもありません。ですが、細すぎるものの中に

は筋が多いものもあるため、直径3～5センチ程度のものを選びましょう。

3、熟成されたさつまいもを選ぶ

「焼いてみたけど甘くなかった」という場合があります。芋掘りで掘ったさつまいも、自分で育てたさつまいもの場合は、寝かせてから焼いてください。収穫したてはデンプン質が強く、甘みがあまりありません。スーパーで購入したさつまいもも見た目では熟成具合がわかりにくいため、どれくらい熟成されているかは食べてみないとわかりません。熟成されていない場合は、新聞紙で包んで、寒すぎず暑すぎない、15℃程度に温度管理をして、一か月ほど寝かせると甘さが出てきます。紅はるかのようなしっとり甘い焼き芋にする場合は、収穫してから60日は寝かせるとしっとり甘くなります。

オーブントースター・グリルの場合

ワット数にもよりますが、２００℃で40分から1時間焼きます。しっとりの品種の方がより時間がかかり、熟成が進んださつまいもの方が早く焼けます。オーブントースター、グリルの火が近いせいで途中焦げてしまう場合は、アルミホイルをふわっとかぶせてください。蒸気が抜けるように〝ふわっと〟がポイントです。

オーブンの場合

200〜250℃で1時間焼きます。オーブンは入れたままにしておけば焼き上がるのでとっても簡単です。余熱の段階からさつまいもを入れて大丈夫です。50分の段階でどこまでできているか確認し、足りなければ状態に合わせて加熱時間を延ばしましょう。

電子レンジの場合

電子レンジを使う場合、まるごと1本入れるとなかなかでき上がらないため、厚さ1センチほどの輪切りにカットした「焼き芋風」がおすすめです。皿の上にホイルではなくラップをかけて、解凍モードなど、できるだけ低温で30分くらい、時間をかけて加熱しましょう。

炊飯器の場合

焼き芋は炊飯器でも作れます。さつまいもが半分浸る程度の水を入れ、炊飯モードでスイッチオン！　仕上がりはほぼふかし芋ですが、時間をかけて加熱されることで甘さが増します。炊飯器はすぐに洗わないと匂いが残るので気をつけてください。

第5章

開業前に考えたい集客や費用対効果のこと

店名やロゴはどうやって決める？

さあ、車も準備、機材もそろえました。

この章では、開業に向けて、そして営業をする中で、ほかにどんなことを決め、どんな作業をしていったらいいのか、具体的に紹介していきます。

店名には決まりはないので、好きな名前をつけることができます。

これまで開業されてきた受講生の店名もさまざまです。さつまいもを月に見立てた『やきいもや　満月』、長崎の方言「あれもこれも」からつけた『アイモコイモ』、おなかも心も満たす『満や』。昭和感を出したいと自分の名前をつけた『ゆりちゃんのやきいも』。いちばん驚いたのは「深津絵里とタイガースが好きなので」と名づけた『ふかふかタイガー』。

私、『いも子のやきいも』の場合はどう名づけたのかと言うと、「初めて会った人にもすぐに焼き芋屋として覚えてもらいたい」という思いから、「いも」と女性の名前の一部である「子」を足しました。

ロゴも同じです。一目見て「焼き芋屋さんだ」とわかるものが王道ですが、逆にわからないから会話が発展しコミュニケーションが生まれる場合もあります。大切なのは、愛着をもって使っていくこと。お店の袋、チラシ、ＳＮＳ、名刺などあらゆるところで店名やロゴが必要になります。ご自身で考えるのが難しい方は、デザイナーに依頼している方も多いです。自分がやりたいことがぎゅっと凝縮した、未来がワクワク詰まったロゴにしてください。

上/『いも子のやきいも』ロゴマーク
下/キャラクターのいも子ちゃん

チラシやSNSを立ち上げて宣伝しよう

おいしい焼き芋が焼ける、店名も営業場所も決まった。段取りもばっちり。あとはお客さまが来るのを待つばかり。

どんなにおいしい焼き芋でも、どれだけ素晴らしい思いで活動していても、お客さまが来なければ、焼き芋は売れ残ってしまいます。ここから大切なのは集客です。

あなたの好きなアイドルがいたとします。あなたの住んでいる街に撮影で来ることになり、誰でも見学できます。こんな機会はめったにありません。あなたは大好きなアイドルを間近で見られて大喜び！　後日、友人にその話をしたら「私もいきたかった。知らなかった」とがっかりされてしまいました。あなたはこの情報をみんなが知っていると思っていたので逆にびっくり。がっかりしている友人を慰める言葉もありません。

こんな時、情報をＳＮＳで少しつぶやいただけでも、その友人にも情報が届いていたかも。逆に知らなかったのが自分だったら、「知りたかった～！」となりますよね。この例え話はちょっと大袈裟かもしれませんが、好きなアイドル＝焼き芋屋さんです。焼き芋が大好きな方からしたら焼き芋屋さんはアイドルなのです。宣伝をすること、「ここにいるよ！」と伝えることが誰かの喜びにつながり、誰かの役に立てるのです。

SNSは自分らしさが出せる場所

ＳＮＳは本当に便利です！「売り切れたので30分後に戻ります」「〇〇公園の前が工事中なので、今日の営業は角を曲がったところです」など、毎日の営業のこまごまとしたことをその都度お知らせできるため、お客さまが「お天気悪いけどやってるのかな」と迷ったり「買いにいったのにいなかった」と悲しませることも減ります。子どもの用事で急に自宅に戻らなければならない時も、「15分後に戻ります」とお知らせすれば、お客さまもそれに合わせてくれます。用事を済ませてバタバタと戻って来ると、お客さまが「あ、戻って来たね」と待っていてくれました。

このように、いつものスケジュールと違う動きをしたい時、とても便利です。自分のペースでできるから、無理しないで仕事ができるだけでなく、「子どもが熱を出した」とか「授業参観で」など、主婦目線・ママ目線の発信に共感してくれる方も多く、〝主婦で家事と育児をしながら焼き芋屋さんをしている〟ということ自体がブランドになっていくのです。

宣伝に大切な四つの要素

①いつどこで売っているの？

いつどこで売っているかをお客さまに伝えることが大切です。主婦は忙しいです。イベント出店などの場合は、一か月前から告知をしましょう。いつ、どこで、がなかなか決められない場合は④の問い合わせ先をメインに伝えましょう。

②どんな商品が買える？　何が特徴なの？

一目見て、焼き芋を売っているとわかってもらえることが大切です。その上で焼き芋の特徴を伝えましょう。もしこだわりがあるなら、そこも伝えますが、長くなりすぎると読む気がなくなるので、必要最低限にします。そのためには写真の力が大切です。ＳＮＳなら動画もおすすめです。絵力に勝るものなし。おいしそうな写真、おいしそうな動画をたくさん撮り溜めておきましょう。

③どんな人が売っているの？

「おいしい焼き芋を売っている」のが伝わったら、次はどんな人がどんな思いで売っているか、です。人柄が見えると商品との距離感がグッと縮まります。

④またほしい時はどうしたらいいの？ 問い合わせ先

今回はタイミングが合わなくて買えなかったというお客さまがいます。でも売る方も、いつどこで売っているのか、なかなか確定するのが難しいということもあります。お客さまがほしいと思った時に、どうしたらあなたの焼き芋屋さんに会えるのか、それを伝えることが大切です。そのためにチラシには、お店の連絡先、最近ではＳＮＳのＱＲコードは必須です。ＳＮＳだけでなく、ＬＩＮＥやメルマガを使って情報を届けることも大切です。

チラシは誰が作る？　どこで印刷する？

これまでお伝えした四つの必要な情報を入れたチラシは、手描きでもパソコンでも作れます。印刷は家庭用のプリンターでもコンビニ印刷でもできますが、１００枚以上カラー印刷する場合は、見た目も仕上がりも美しいネット印刷がお得です。

予算がある場合はデザイナーさんに依頼し、オリジナルデザインのチラシを作ることで、記憶に残る1枚が作れます。自分で作る場合は、最近ではＣａｎｖａを始めとしたアプリにテンプレートが充実しているので活用しましょう。テンプレートを自分なりにアレンジすることで、簡単におしゃれなチラシを作ることができますよ。

イベント出店の極意

たくさんの人が集まり売り上げが見込めるイベントは、お店の売上の大きな柱の一つになります。とはいえ、必要なこともたくさんあるため向いている方と向いていない方がいらっしゃるので、メリット、デメリットと併せてご紹介します。

メリット１　売り上げが上がる

お客さまはイベントを楽しむために来場されています。普段購入するには高価に感じる1パック800円のポテトや、1杯400円のメロンソーダでも、イベント会場でならつい買ってしまう。そんな経験はありませんか？「せっかくのハレの日、特別な日を楽しみたい」という思いをもち、「何か買いたいな」という購買意欲をもっている方が多いため、街中を売り声をかけながら移動してお客さまを捕まえて売るより、ずっと効率よく売り上げることができます。

メリット２　認知が上がる

多くの人が集まるイベントでは、普段の移動販売では出会えない、多くの人にあなたの焼き芋屋さんを知ってもらうことができます。1000人の人にあなたのお店を知ってもらおうと思ったら、何日かかると思いますか？　イベント会場だったら、規模にもよりますがたった一日で覚えてもらえる可能性があります。そして、イベント当日に売り上げを上げることはもちろん大切ですが、今回は購入しなかった方も、お店を知ってもらうことで未来のお客さまになる可能性があります。そのためにはこれから出店するスケジュールや、SNSを告知するなど、次にお客さまがほしいと思った時に出会えるためのツールを用意しておくことが大切です。

メリット3　同じ出店者の方とつながることができる

同じ移動販売の方はもちろん、街のカフェなど飲食店の店主、ハンドメイド作家、カルチャースクール主催者、イベント主催者など、人脈を広げる絶好の機会です。イベント主催者とつながることで「実は出店してくれる焼き芋屋さんを探していたんです！」と、ほかのイベントにも呼んでもらえるかもしれません。

特にイベントで出会う移動販売の方は、あなたと同じように悩み、同じように喜んでいる先輩です。学ぶところや共感するところがたくさんあると思います。普段の営業場所の情報だけでなく、仕入れや車、燃料についてなど移動販売だからこそ知っているノウハウを教えてもらえるかもしれません。

ですが、注意点もあります。みなさんそれぞれ、今日まで培った独自のノウハウをもっています。ノウハウとはその人が考えた無形の財産です。成功も失敗も経験には価値があります。そこに敬意を払って無理に聞き出そうとしないでください。「聞いても教えてくれない」と嫌な顔をしないでくださいね。

ご縁がつながって、カフェや飲食店の方から近隣のお店が主催するイベントの情報をもらったり、カルチャースクール主催の方から焼き芋の配達や教室終了後に売りにいく機会をもらったりなど、人脈が広がることで販売ルートが増えるかもしれません。

デメリット

メリットをお伝えしましたが、デメリットもあります。イベント出店は天候に左右されやすく、たくさん売るつもりで用意したけど雨で残ってしまうこともあります。ほかに、機材をもち込んでアルバイトの手配も行い、大掛かりに準備したけどお客さまがあまり来ないイベントで売れなかったとか、同じ業種がバッティングした、などです。そして、社会情勢の影響などでイベントの開催が直前で中止されても、出店料として払ったお金は戻ってきません。そこも覚悟しなければならず、出店するかどうかは経営判断です。

自分も主催しているという意識をもつ

イベント自体が盛り上がることで、売り上げも認知も上がります。そのためには自分も主催者であるという意識が大切になります。出店日時や商品の事前告知、できるなら自分の商品だけじゃなく、同じイベントに参加する出店者の告知もすることでお客さまにもイベントの概要がわかりやすく、出展者同士も仲間意識が生まれつながりもできます。「イベント開催」と「移動販売」という、業務は違っても運営する裏側や苦労を知っているからこそ、主催者がイベントを通じてお客さまに何を届けたいのかを共に伝え盛り上げることで、より楽しんで出店することができます。

すぐに何かの結果が出なくても、ある日突然つながる時がくるかもしれません。人との出会いは財産です。一期一会の思い出もそんな思いで人とのつながりを楽しんでください。

売り上げのシミュレーションをしてみよう

焼き芋屋さんってすごく儲かるの？

焼き芋屋さんと言えば「冬に夏の分も稼いで遊んでいる」という都市伝説があるほど、儲かると言われた時期もありました。焼き芋屋さんのおじさんに勇気を出して声をかけたけど、高くて買えなかった。そんな思い出をおもちの方もいらっしゃると思います。「おいしくない焼き芋を１本１０００円で売りつけてくる」というイメージから、ぼったくり商法と言う方もいらっしゃいました。今ではスーパーやディスカウントストアでも安く売られるようになったので、個人の焼き芋屋さんで一攫千金という時代ではないかもしれません。

お客さまに売るのが申し訳ない？

受講生の中で、たまにいらっしゃるのが「お客さまからお金をもらうのは申し訳ない」とか「つい安くしてしまう」と言う方です。いくらで販売するかは店主の自由です。多くのお客さまはスーパーの焼き芋の価格が見慣れているのでしょうから、1本200円のスーパーと比較すると300円でも「高い」と言われるかもしれません。

ですが、自信がないからと値段を安くしてしまうと、利益が少なくなります。たくさん焼いて安く売るという方法もありますが、疲弊しまうことも。街の人に喜んでもらいたいと思っていても、お店が潰れてしまうことなんてお客さまは望んではいません。

商品が必要な人に必要なものを届けること。売りつけるのでも、無理やり買ってもらうことでもありません。買うという行為をお客さまが望んで体験をしているのです。

ご自身のことを思い浮かべてください。ちょっと高いけどおいしいものを買う時、ワクワクしませんか？　お店の方が「これがおすすめです」と言ってくれたら、ほしくなりませんか？

「高い」と言って買わない方は、あなたのお客さまではありません。もし、多少高かったとしても、購入することで幸せをもって帰ることができる。そう思ってくださる方がたくさんいたら、いい関係だと思いませんか？　この「買う」という経験で幸せを得てくれる人との関係性を大切にしていきましょう。買わなかった方は商品が必要な方ではなかったのです。

自分が売るもので、幸せを得てくれる人との関係性を築き、大切にしていくためには、どんな人がお客さまに来てほしいのかを思い描くことが大切です。

1本いくらで売る？

1本1000円では高額かもしれませんが、それなりの値段をつけないと、商売として成り立ちません。では、いくらくらいなら妥当なのでしょうか？　私の講座では、まず近隣の焼き芋の値段をリサーチするように伝えています。だいたいの相場の1・5倍くらいなら、出してもいいと思う方が多いように思います。

例えば、近くのリサーチで、

スーパーA（電気式）　紅はるか　200円
スーパーB（電気式）　紅はるか　198円、安納いも　298円
青果店（ガス輻射熱式）300円
ディスカウントストア（電気式）　紅はるか　200円
移動販売のおじさん（薪）　紅はるか400円、紅あずま400円

こんな結果だったとします。相場としては、1本300円というところでしょうか。それを基準に、自分の焼き芋の付加価値を考えてみてください。壺焼きの装置を使い、もし炭で焼いているのなら、〝本格炭火の遠赤外線でじっくり焼いた焼き芋〟として500円で販売してもいいと私は思います。大切なのは「なぜこの金額なのか」を説明できるか、です。そのためには自信をもって販売できる、おいしい焼き芋を焼いてください。

軒先や移動販売の場合の売り上げ

私の場合、一日のスケジュールから、その日に自分が営業できる時間を算出します。営

業以外の優先スケジュールを先に確保しつつ、多くのお客さまと出会えて効率よく売ることができる時間に販売にいきます。

通常は午後1時に準備を開始し、3時から6時まで営業（最後の1時間は片付けながら販売）。焼き芋を焼ける時間は3〜4時間です。1時間に10本焼ける装置なら30〜40本、20本焼けるなら60〜80本です。一日3時間焼いた場合を見てみましょう。

○1本300円の場合

一度に10本焼けると、10本×3回転×1本300円で9000円。一度に20本焼けるなら、その2倍の1万8000円

○1本400円の場合

一度に10本焼けると、10本×3回転×1本400円で1万2000円。一度に20本焼けるなら、その2倍の2万4000円

300円で販売する場合と400円販売する場合では、同じ本数でも一日の売り上げが大きく変わってきます。

イベント出店の場合の売り上げ

イベント出店の場合、開催時間が決まっているので、合わせて準備します。人気のイベントだと朝から行列で、終了間際までずっと焼き続けているケースが多いです。開店時間にお客さんが殺到することが予想される場合は、前もって焼いておきます。イベントの直前に焼き上がる1回転目のさらに1時間前に、もう1回転焼き上げておく、と前倒しで焼いておくことで本数を確保することができます。

焼き芋の難しいところは、1時間後のお客さまの動きを予想して焼く必要があることです。初めての出店で情報がない場合は、終了時間ギリギリに焼き上がると売れ残るかもしれないので、終了時間の1時間前をめどに早めに焼き上がる方が安心です。

10時～16時の人気のイベントの場合、一度に10本焼けるなら最大8回転×10本×1本500円で4万円。20本焼ける場合は8万円が売り上げられます。

大きな売り上げが期待できますが、イベントでは通常の仕入れ原価などのほかに、出店料や、備品を借りた場合のレンタル代、人件費や交通費などを引いていきます。

経営状況は、まずは粗利益から見る

経営状況を見る数字の一つが粗利（あらり）です。名前の通りざっくりと計算される数字で、売上高から売上原価、焼き芋屋さんの場合はさつまいもの仕入れ値を引いたものです。

粗利の段階では、燃料代やガソリン代その他の経費を引いていません。経営において重要になるのは最終的な利益（営業利益）ですが、簡単に計算しやすい粗利をチェックすることで、今の経営状態を確認することができます。

粗利の数字を見ると、どのような変化が起こったのか把握することができます。例えば粗利が前期より増えているとすると、売上高が増加していたり、売上原価が下がっていたりといった状況が考えられます。

もし、売上が同じでも粗利が下がっている場合は、二つのケースがあります。

まず、仕入れ先の値上げにより原価が上がっている場合。その時は一度立ち止まって、仕入れ先について考えます。一方、仕入れ値は変わっていないのに、粗利が下がっている場合は、廃棄する量が多いのかもしれません。業務の効率化を図るための指針として、粗利を出すことは役立ちます。

売上原価を下げる＝仕入れ値を下げる方法と注意

食材の仕入価格を安くしてもらうよう仕入れ業者に相談したり、安い仕入れ先に変更したりすれば、売上原価が下がり粗利益を増やすことができます。ただし、安い仕入れ先に変更して、食材の質が落ちてしまえば、売上にも影響します。食材の質や仕入れのタイミングなどもきちんと確かめた上で、仕入れ先を変更するようにしましょう。

例えば売上原価を下げるために、仕入れ先に交渉し、さつまいもを一度にまとめて安く仕入れる、送料負担がある場合は仕入れの量で送料負担をコントロールするなどは、とてもいい方法です。ですが、冬場のさつまいもはとても痛みやすいため、保管の注意が必要です。使い切らずに多くが廃棄されてしまっては、安く仕入れた意味がありません。自分の店のペースを掴むことが大切です。

目安がすべて当てはまるとは限らない

一般的に飲食店では、原価率は30％、粗利率は70％が目安と言われています。焼き芋屋さんの場合は、単純に粗利率70％を目指せばいいというわけではありません。さつまいもにこだわれば仕入れ値が上がりますが、人件費や消耗品、販促費を抑えることで、最終的な利益である営業利益を確保することは可能です。粗利率を上げようと単純に安い食材を仕入れることは顧客離れにつながり、お客さまが離れていくかもしれません。

売上原価を抑えて利益を生むか、売上原価以外を抑えて利益を生むか、そのお店のやり方や開業してからどれかくらいなのか、状況によって違いますが、粗利の変動をチェックすることで、経営改善につなげるという点では、どの時期も変わりません。一般的な数字と比較するのではなく、自分のお店の変動をチェックする方法として使っていきましょう。

第6章

「阿佐美やいも子」ができるまで

いも子の幸せな瞬間《とき》

「いも子のやきいも」が
思い描いているのは
冬の日の夕方…
はぁ…
ありがとうございましたっ
おかえりなさーい
たっくんおむかえでーす
荷物は持った？

今日は金曜日だから
焼き芋屋さんが
出ている日だよ
焼き芋
食べたい
なー
じゃ
寄って
いこうか
カシャン

帰り道に
いつもの焼き芋屋さんの姿が見えます
やき
おいしい焼き芋まだ残ってるかな？
キキ…
まだありますか？
やき

いらっしゃいませ
温かそうな湯気と おいしそうな いい香り
食べ比べセット くださいって 言ってごらん
え——
くす

あんなに食べるって騒いでたのに恥ずかしがって…
すいません食べ比べセットください
お金は払える？
そっ
ありがとう
さっ

ほら
お芋をもらってこないと
どうぞ

焼き芋屋さんに
寄っていくって
騒いでいたのに
ここに来ると
静かになるんですよ
照れちゃうんだよね
うろ…
うろ
…ここのお芋

大好きなんです
保育園でもおいしいねって友達と話してるんですよ
また買いに来ますね
ありがとうございます
お芋持ってく？
こくん
ぎゅっ

来てくれてありがとうね
気をつけて帰ってね
親子で仲良く過ごすちょっとしたひととき

焼き芋はスーパーでも買えるけど
お店の人とも会話ができて冬の寒い夕方でも温かくなれて
何だか楽しくてワクワクする

親子で「寄り道できてよかったな」と思いながら
家路を急ぐ
私はこの後ろ姿を見送る瞬間が大好きです

家ではきっと…
ほら熱々だよ
ハフハフするね
うん温かくておいしいね
そんな会話が弾んでいることでしょう

ボク
昨日
焼き芋屋さんで
焼き芋を買って食べたよ
いーなぁ!!!
ボクも
たべ
たーいっ
と友達と
話していたり
お迎えの
ママ友同士で
話題にしていたり
あの角に
焼き芋屋
さんが…
いって
みたーいっ

そんな風に
やきいも
焼き芋の
おいしさが
広がっていくのです

18年でようやく見えてきた答え

今でこそ焼き芋屋さんをやってきてよかった、と感じる瞬間はたくさんありますが、最初の10年は試行錯誤の連続でした。数々の失敗を多くの方に助けてもらい、そのつど得た気づきを重ねる中で、私が街の焼き芋屋さんを続けることで、どんな恩返しができるのだろう、と考えてきました。ようやくその問いへの答えが少しずつ見えてきたのです。この章では、阿佐美やいも子が、開業からこれまでどんな道を歩いてきたかを振り返りながら、長く愛される店にするために私がしてきたことをお伝えしたいと思います。

第1章でお話ししたように、古本屋で焼き芋や開業について書かれた本と出会い「これだ！」と思った私は、当時、失業保険をもらいながら通っていた職業訓練校のクラスメイトへ、登校するなり宣言しました。「私、焼き芋屋さんをやる！」

その時に受講していた訓練プログラムが、フードサービス起業クラスでした。クラスメイトは飲食店の開業について前向きに思っている人たちの集まりだったため、「おもしろそうだね」言ってくれる人が多く、協力してくれる人も現れました。「売り子の手伝いするよ」「男手があった方が安心なら一緒に歩くよ」だけでなく、デザインの相談にも乗ってもらいました。まるで青春時代をやり直すかのように、みんなとわいわいと焼き芋屋さんを作り上げていきました。「とにかくやってみないとわからない」と、進めていく中、まずは肝心の焼き芋を焼く装置という大きな買いものでの、失敗にぶち当たったのです。

初めて買った壺をめぐって……

「かわいいから」という理由だけで大手通販サイトから、壺焼きの装置を買いました。どこで焼いていいのかわからず、火のつけ方もわからず、記憶をたどり、おばあちゃんの家に囲炉裏があったな、おばさんの家は煉炭のコタツだったな……などと思い出しながらマニュアル通りにやりました。そうしたら、とんでもないことになってしまいました……。

自宅の中で付属の練炭に火をつけた
ボッ…
モク
モク
モク
くさい
ばっ
まずい！
これじゃ練炭自殺!!!
窓を開けないと…！
モク
モク
モク
はっ
チリ…
チリ
カーテンが!!!
ガッ
ヒイイイ
ハァ
ハァ
思いつきのまま行動していた自分が恐ろしい…
ゾ…

今ではとても考えられませんが、当時は火のつけ方もわからず、練炭の危険性も知らないで思いつきのまま行動していました。何回か練習し、苦労して火をつけられるようになったものの、今度はなかなか焼き芋が焼き上らない。2時間たっても3時間たっても柔らかくならず、シワシワになるさつまいもたち。焼けているのかわからない。けれど調理師の経験があり、竹串が通れば火が通っていると習っていたので、「火が通っているならこれでいいのかもしれない……」といった感じでした。

あまりに上手く焼けないため、販売元に問い合わせると、なぜかもう1台の壺を送ってくれましたが同じく2時間かかっても焼けない壺。「2台とも焼けないので焼き方を教えてください。一度会いにいきます」と連絡し、販売事務所にいくと、私の幼いころ住んでいた風呂なしアパートと変わらないほどの古びた家から、足を引きずったおじさんと、彼を支えるおばさんが出てきました。

「おかしいね。どうしてだろうね」――悪い人ではないことがわかりましたが、これ以上、この人たちに頼っても焼き芋を焼くことができない、と諦めることにしました。

ところで、焼き芋って何が正解⁉

買いそろえた機材でとにかく試し焼きを続けました。焼けてはいるのかもしれませんが、あまり甘くなく、モソモソする。ですが、この時の私にはおいしいのか、おいしくないのかまったくわかりませんでした。

「もしかして焼き芋ってこんなものかも？」

――そうです。私の致命的な失敗は、生まれてからこの日までおいしい焼き芋をほとんど食べたことがなかったことです。母がおやつで作った蒸かし芋は散々食べましたが、焼き芋は高校生の時にトラックのおじさんから買ったぼそぼその焼き芋と、参考のためにデパ地下で買ったベトベトのものしか知らないことに気づきました。「でも、マニュアル通りにやったし、何よりもうすぐ開業なのだから、焼けていてもらわないと困る！」と、前向きに解釈し、焼き方も味も自信がもてないけど、何回か焼いたら上手になる！　と信じていました。

リヤカーを手に入れる！

車の運転をしたくない、小さくかわいく営業したい、ということで、私は迷わずリヤカーで開業することに決めました。実際のリヤカーの焼き芋屋さんを見てみたくて検索しても当時はほとんどありませんでした。

リヤカー販売のコーヒー屋台の方がいることがわかり、実際に営業しているところに見学にいきました。『珈琲屋台 出茶屋』さん。東京都小金井市付近で営業をしている方で、うかがったのはイベント会場でした。炭で火を起こし、火鉢の上に鉄瓶を乗せてお湯を沸かし、コーヒーを入れる店主のつるさんに、ゆっくり話をうかがいました。

リヤカーをどうやって作ってもらったか、営業場所までどうやっていっているのか、徒歩で引いているのか、車に積んで動かしているのか――？

「都内に1軒だけあるよ」と教わったリヤカーの製作所に連絡をとり、製作を依頼しました。当時で製作費30万円。どんな大きさで、どんな構造がいいのかと聞かれましたが、素人の私にはまったくわからず、すべてお任せしました。

壺焼きリヤカーで開業当日

私の人生初の新車であるリヤカーに壺を積んで、いよいよ出発です。いくあてもないので近所をぐるぐると回りました。公園の前、病院の前、駅のそばと、とにかく一日中ウロウロと歩きました。途中で出会った方から「ここが売れそうだよ」と情報をもらうと、リヤカーを引いて、歩いて1時間かけて売りにいきました。この時は、お客さまがいる場所を探すことにとにかく必死で、芋を焼くことは二の次になっていました。

そんな焼き芋がおいしいわけもないのですが〝女性が売っているリヤカーの壺焼き焼き芋屋さん〟というとにかく見た目の買いやすさでお客さまは次々に来てくれました。「なんてかわいらしい焼き芋屋さんなの！」「またうちに売りに来てね！」「全部買うわ」と、細い焼き芋でも、お客さまは喜んで買ってくれました。内心は自信がなく複雑でした。

中には売り切れの時に「焼けるまでうちでお茶でも飲んでいきなさい」と言ってくださる方もいました。一緒に売っていた友達の分もお茶とお茶菓子をご馳走してくれ、焼き上がると全部買ってくださいました。「応援するからまた来てね」と、とても喜んでくださったのです。後日、勇気を出してその方の家のチャイムを押しました。

「先日はありがとうございました。焼き芋屋さんです」

すると、チャイム越しに「あなたの焼き芋、全然おいしくなかった。お友達に配ったらがっかりされてしまったのよ。もううちのチャイムは鳴らさないでちょうだい」と冷たい口調で言われてしまいました。

かわいい焼き芋屋さんから、あっと言う間に「おいしくない、焼けていない」という噂が広まりました。

ダメな焼き芋屋さんを売れるようにしよう！

毎日数時間リヤカーを引いて歩いても、2時間に1回しか焼けないのでは、売上が5000円にも届きません。このままじゃ生活ができないと気づきました。焼き芋屋さんをやるとみんなに宣言をして、多くの人にも手伝ってもらった。リヤカーも壺も機材は買ってしまって、お金はもう戻ってこない。この先どうしたらいいのだろう。

おいしくない焼き芋でもなんとか売り続けていると、当時SNSで知り合った人たちが応援してくれました。まずは焼けない壺を改造し、焼けるようにしようと試行錯誤しました。現場監督をしていた友人が、仕事帰りの深夜に、職人さんから借りて来た工具で壺にドリルで空気穴を開けてくれました。ステンレス加工の職人さんが「たくさん焼けるように」とリヤカーを壺が2台乗るように改造したり、ステンレスで補強したりしてくれました。ほかにも、遠くからもわかるように屋号が入った照明を作ってくれた人、「焼けていることをお客さまに知らせたらいいんじゃないか」と、メルマガを配信するシステムを作ってくれた人。営業情報をまとめてホームページまで作ってくれた焼き芋好きの中学生。常連のママさんは、私が手描きで押していたポイントカードに、「趣味で作ったよ」と消しゴムではんこを作ってくれました。それだけでなく、ブログや口コミでたくさんのママ友に紹介してくれました。

いつしか、『おいしくない、だめな焼き芋屋さんをどうやって売れるようにするか?』。そんなプロジェクトになっていました（笑）。

生産者から直接仕入れてみたら……！

試行錯誤の三か月目のある日、通りがかったほろ酔いかげんの作業服を着た男性のお客さまから、厳しいアドバイスをもらいました。焼き芋をその場で食べて「まずい」と一言。「お姉ちゃん、どこでさつまいもを仕入れているんだ？」と。どう仕入れたらいいか迷って試行錯誤をしていることを伝えると、「俺は農家の生まれなんだ。姉ちゃん、おいしい農家を探したのか？」と言われました。農家を探す……？　自分が売っている焼き芋がおいしくないかもとわかっていても、どうやっておいしいさつまいもを生産している生産者と知り合えるのか、わかりませんでした。ですがこれ以上「かわいいけど、おいしくない焼き芋屋さん」として悪評が広がる前に、おいしいさつまいもを仕入れなければならないことはわかっていました。

その日も一日中歩き回ってもなかなか売れない、焼けない、疲れたので見つけたカフェで一休みしようと、駐車場にリヤカーを停めて、ぼんやりコーヒーを飲んでいた時のことです。「かわいいリヤカーだね」と焼き芋を味見してくれたそのカフェの方に「どうしてこんなにまずいの？」と言われました。焼き方を試行錯誤していること、おいしいさつまいもの仕入れ先を探していることを話すと、「来週ここの駐車場でやるイベントにさつまいもを売っている人が来るから、相談をしてみたら？」と言ってくれたのです。

イベント会場での出会い

この芋を焼いて
おいしかったら連絡して

ほ　わっ…
ホクホク感…甘さ…
同じ品種でも
こんなにも違うなんて!!
…おいしい!!
出会えた
ばっ
くく
おいしい
さつまいも
ぜひ
仕入れたいです!!!

ただ、いちばんのネックは送料でした。1回の送料が2000円近くかかると、頻繁に仕入れることができません。お兄さんに相談すると、砂を輸送するタイミングで、土つきのさつまいもをもって来ることで節約しよう、ということになりました。救世主のようでした！

この時の出会いが、「おいしくない焼き芋屋さん」と広まるのを防ぎ、生産者によって味が違うこと、さらに同じ生産者でも畑によって味が違うことを知る「いも子のやきいも」にとって大きな転機となったのです。のちに仕入れの量が増えると、ついでにもってきてもらうだけの量じゃ足りなくなり、週に1回父と一緒に往復5時間かけて、千葉県まで仕入れにいくようになりました。

軽トラックを購入、仲間と一緒に販売

一年目の営業は、周りの人に助けられ、壺が2台になることで生産量が倍になり、さつまいもの仕入れを変えることで少しずつおいしい焼き芋屋さんになりました。ですが、まだ焼

き芋の正解がわからず、費やした労力の割には焼き上がる本数も少ないままでした。そのうち常連のお客さまから「どうせ今日もないだろうから、ほかの店で買っちゃったよ」と言われるようになってしまいました。中には「ここ以外買いません」と言うお客さまもいらっしゃいましたが、だからこそ「前を通って買えないと子どもが泣くので、避けて通っているんです」と笑って話してくださいました。なんとかしないといけない！　そう思っていました。現在の売上に換算したら、一日2万円分は損していたと思います。

初めて大金を出して購入した壺は、改造しても使い続けることができず、結局処分することに。近くの焼き鳥屋さんに使っていない業務用30万円の焼き芋壺があると知り、10万円で譲ってもらうことができました。さらに、リヤカーだと営業場所が限られていると、思い切って軽トラックを導入することにしました。懲りずにネットで購入した中古の軽トラ、釜、幌、スピーカー合わせて約90万円。苦手だった運転はドライバーだった友人に指導を仰ぎ、焼き芋屋さんとして走る時をシミュレーションしながら練習しました。

晴れてリヤカーと軽トラの2台態勢となりました。ひとりでは営業できないので、友人ふたりに手伝いをお願いすることにしました。ひとりが保育士、ひとりが子連れのママ。保育士の友人は集う子どもたちと追いかけっこをしながら、ママは子どもを助手席に乗せながら営業してくれました。営業場所も増え、生産量も増え、心配していた売り切れも少なくなり、徐々にお客さまも増えていきました。

焼き芋を売るだけじゃない、人をつなぐ活動

せっかく焼き芋でつながったお客さまとのご縁で何かしてみたい！ と、2年目の夏に自分たちが主催となりイベントを開催することにしました。保育士の友人が脚本を書いたパネルシアターを子どもたちが見ている間に、親たちは消しゴムはんこの製作を習います。以前スタンプカードに押す消しゴムはんこを手作りしてプレゼントくれたママが、手作りはんこの先生です。

この日のために初めて制作した物語は『いも子ちゃんと虫バイ菌』。歯を磨こうね、という物語。虫バイ菌があまりにリアルで怖く、子どもたちが泣くというハプニングがありましたが（笑）、途中で焼き芋を食べる休憩を挟んで、初めてのイベントは和やかに終了しました。焼き芋を売るだけじゃない、お客さんや手伝ってくれる仲間と共に思い出を作ることができたという充実感を感じました。

思い切って店舗を借りる

リヤカーから軽トラになり、生産量が増えた、売る場所も増えた。焼き芋はおいしくなって知名度も上がって仲間もできた。少しずつ拡大していく活動に対して、応援してくれている周りの人が「今度は何をやるの?」「次は店舗ですね」と期待を寄せてくれるようになりました。

自分のカフェを開くことが夢だったこともあって、私も街の何気ない居場所になる店舗を借りることができないか、ずっと探し続けていました。焼き芋のトラックより大きな買いものをしたことがない私にとって、かなりのプレシャーでしたが、覚悟が決まらない中、ようやく格安の物件を見つけ借りることにしました。

せめて改装費用を安くしたい。自分で改装できないだろうか。みんなでやればできるんじゃないか?　と業者に頼らずやろうとしたら、まったく進みませんでした。六か月たっても、外観も店内も、厨房も中途半端。結局最後は工務店にお願いすることにしたのですが、どんな仕上がりにするのか、内装や必要な設備、イメージなども具体的に伝えられず、お店は仕上がりませんでした。

お客さまが「いつオープンするの？」と聞いてくれても答えられない。期待に応えられない不甲斐ない自分に愕然としました。結局その年は、カフェをオープンすることなく焼き芋の時期を迎え、忙しく焼き芋売りをしただけで終わりました。カフェに仕上がらなかった店舗は、ただの物置となっていました。契約金や自分で改装した費用、工務店に部分的にお願いした費用、合わせて４００万円でしたが、結局何も形になりませんでした。

子育て団体とコラボで街の居場所作り

そんな時に「あなたの力が必要です。一緒にやりましょう」と声をかけてくれた人がいました。子育て支援団体のリーダーで、子どもたちにお楽しみ会を開催する傍ら、ママが子どもと気兼ねなくランチができるキッズカフェを運営している、尊敬している方でした。お店を見に来て「今のままではもったいない。ここに老若男女が集う場所を一緒に作ろう」と言われました。力不足を自覚していた私は「お役に立てるなら」と場所を提供することにしました。人生の先輩に引っ張られ、心機一転、「みんなで憩いの場を作る」という団体を一緒に作り、自治体の補助金をもらいながら〝老若男女の憩いの場〟というコンセプトで、とうとうお店ができあがりました。

私は運営スタッフの一員になりました。家賃や光熱費などの運営費は売上から出すことにしました。ここでは〝誰でもできる仕事。誰でも販売できるメニュー〟ということで、お茶はティーバッグをセルフサービスで1杯100円。駄菓子は10円から100円で販売。そんな中、私も商品を置いて運営費を稼ごうと、焼き芋を300円で販売したのですが、移動販売の時ようには売れませんでした。子どもたちが買いに来てくれるメイン商品が駄菓子。私が作った芋菓子も労力虚しく、金額も味も駄菓子に負けてしまい、いつも売れ残っていました。

店の売り上げに貢献できないため、焼き芋の営業の売り上げを運営費に回す日が続きました。スタッフとして入る分、移動販売の営業日数が減ったため、夜遅くまで営業時間を延ばしたり、運営スタッフだから、あの場所を広めよう、と告知をがんばってみたものの、お客さまはあまり来ませんでした。〝老若男女の集う場所〟は高齢の方にとっては子どもの声が騒がしく、子どもたちには好評でしたが、売上にはつながりません。「焼き芋の売上を確保するために、東京のオーガニックショップから声がかかったので焼き芋を売りにいきたいです」と伝えると「この地域の居場所作りじゃない活動なのにどうしていくの？」と言われたり、「人が足りないから、今はまだ結婚しちゃダメだからね」などと言われました。組織の中のひとりになると、私は途端に自分の意見が言えなくなってしまいます。コミュニケーションの難しさから、言われたことをとにかくこなす、という日々になりました。そのうち今まで一緒に焼き芋を手伝ってくれていた仲間も、「いも子さんらしさがなくなった今のままでは一緒にできない」と離れていきました。

どうしても続けられなくなって……

それでも「ここは私がずっとやりたかったことだ」と自分に言い聞かせ、「居場所作りは、きっと誰かのためになっている」「迷いがあっても自分がこの気持ちを消せばいい」と言い聞かせました。でも、自分のアイデアでお客さまに喜んでもらえない虚しさと、収入が減ったことから、徐々に苦しくなっていきました。辞めたい。逃げたい。でも、運営スタッフである自分が辞めたいと思うなんて無責任すぎるし、もし辞めたところで、どうせ自分には能力がないからここにいるしかない――。

そんなある日、運営のリーダーが売上をもったまま、連絡が取れなくなりました。失踪です。今後の活動資金繰りが苦しい中、支払いがある、仕入れなければ売るものもない。活動の根底からの見直しと、この活動を続けるか悩んだのですが、「補助金をもらって立ち上げて、まだ一年の団体を閉じるわけにはいかない」「居場所と思ってくれている人がいる限り続けよう」という意見が多かったので、私もその流れに乗りました。

みんなが裏切られてもがんばっている中、辞めたいと言えない苦しさから、体調を崩しました。そんな時に妊娠がわかり、つわりがひどいという理由で、長期休みをもらったのです。

妊娠期間中は、逃げ出した後ろめたさから、誰にも見つからないように家にこもって過ごしました。私はきれいごとばかり言って、志半ばで挫折した人間。こんな私が居場所作りだなんて恥ずかしい。私が提案したお菓子は売れない――。こんなふうに挫折感を感じ自分を責め続け、結局そのまま消えるように脱退しました。

その後の団体は、私がいなくても健全に運営されていき、街の人の憩いの場になり続けました。「裏切れない。自分がいないと迷惑がかかる」というのは私の幻想でした。このことから、人に自信をもって自分の意見を言えないなら、これからもひとりでやっていけばいい、そんな中から私の話を聞いてくれる人たちと、心地のいい空間を作っていけばいい、と思いました。

ママの立場で気づいたこと

そんなある日
ふと思い出したのです
今日ね
初めて
大人と話しました
はは
焼き芋を買いに
来てくれた
赤ちゃん連れの
ママの言葉を
たしかに…
焼き芋屋さんが
あったら
子どもと散歩しながら
買いに行きたい

閉鎖的な二人きりの
育児生活の中
ふらっと立ち寄れる
お店の人と
何気ない
会話をしたい
同じママの立場に
なってみて
自分のやってきた
活動が意義のある
ものだったと
実感しました

ふーっ
あーん
大人も子どもも
安心して食べられる焼き芋屋さんが
近くにある素晴らしさ
やっぱり私は
ぐっ
焼き芋屋さんをやりたい!!!

たったひとりのお客さまに届けよう

妊娠、出産を経て「私には焼き芋しかない」と決めてから、お客さまになってほしい人の年齢、家族構成、仕事、一日のスケジュールなどからイメージを広げて、そんなお客さまに焼き芋を売るには、どうしたらいいだろう、ということを考えてみました。生活や会話がありありと想像できるお客さまをひとり、設定し、それを「ペルソナ」とします。ペルソナとは、もともと心理学用語で外向きの（表面的な）人格をさします。マーケティングでは、実際に実在しているかのようにリアリティのある仮想の顧客プロフィールを言います。お客さまのプロフィールを細かく作り上げて、具体的な顧客モデルを想定して戦略を明確にするために、ペルソナの設定は有効と言われています。

かつて店舗を借りた時は、そのたったひとりのお客さま＝ペルソナを考えませんでした。自分のやりたいお店がわからなくて迷子になってしまい、お店は完成しませんでした。その後、ボランティア団体とお店を立ち上げた時も、「老若男女みんなの憩いの場として懐かしい雰囲気にしよう」と漠然としたイメージだけだったので、「なんのお店なのかわからないから入りにくい」と言われ、ご高齢の方からは「騒がしい」と言われ、子どもたちだけでは売り上げが立たずに経営不振を招き、お客さまからも「やりたいことがわからない」と言われました。

なぜ「たったひとりのお客さま」を設定することが大切かと言うと、店構え、チラシ、価格設定など、お店をブランディングする上で、大切な軸となってくるからです。さらに、ペルソナに会えそうな場所や時間を考え、実際にリサーチすることで、出店したい場所も具体的になります。仮に30代の親子とすれば、その人たちはどこにいるのか。地域の公園、児童館や保育園の近く？　すると、それに合わせた宣伝のしかたが生まれてきます。

たったひとりのお客さまの背後には1000人のお客さまがいると言われています。小さな焼き芋屋さんで1000人は少し大袈裟かもしれませんが、そのお客さまがもって帰り焼き芋を一緒に食べた家族、友人、SNSで「おいしい焼き芋屋さんを見つけたよ」と投稿したら、さらにそこから広がっていきます。

もし、自分が思い描いたお客さまに当てはまらない人から「ここのお店、高いわね」「センスないね」と言われた時は、勇気をもってその意見は取り入れないように意識しました。思うようにお客さまが集まらないと、高いのかな、もっと値下げをしたほうがいいのかな、と弱気になってしまうこともあります。ですが、お客さまを集めるために妥協するのは避け、値段にマイナスの反応をしたお客さまが私のお客さまなのか、もう一度考えました。例えば「高い」と言われた時に、この価格なのはどうしてなのか、こだわりの焼き方やさつまいもの品質など、あなたが自信をもっている理由を話すことで、お客さまとの距離感を縮めることができます。お客さまとやり取りをすることで自分が成長するだけでなく、お客さまも変化していきます。そしてそれがコミュニケーションとなり、関係性を作っていくことができると思っています。

オンリー・ワンの焼き芋屋さんを表現する

私はいつもお店に立つ時は、さつまいも色のベレー帽をかぶっています。もちろん、テレビ番組に取材される時もその姿。だから最近は番組を見て「いも子さんだ！」と来られるお客さまもいます。

そもそも私が「いも子」と名乗っているのも、キャラクターのいも子ちゃんがきっかけ。焼き芋屋さんを始めた最初のころは本名で通していましたがなかなか覚えてもらえないため、キャラクターの「いも子ちゃん」を自分自身で名乗ろうと決めました。焼き芋屋さんだ、ということがすぐにわかる名前のため、一度で覚えてもらえるようになりました。

「あなたから買いたかった」と言われるお店に

お客さまから「あなたから買いたい」と言われるお店にするには、どうしたらいいか。仕入れや焼き方にこだわっている、味が特別においしい、などが思い浮かびますが、スーパーの焼き芋もとてもおいしいです。それでも「あなたから買いたい」と選んでもらえる焼き芋屋さんとはどんな焼き芋屋さんだろう？　まだ会ったこともない人からも信用してもらい「あそこの焼き芋を買いたい」「あの人から買いたい」と選んでもらうためにも、私はSNSを活用しました。

私は、自分のライフスタイルを伝える投稿を続けました。大切なのは信頼関係を作ること。SNSを通じて、不特定多数に対してプライベートを開示することに抵抗感じる人がいるかもしれません。すべてをさらけ出す必要もありません。焼き芋を届けたいという気持ちで、私の仕事に対する思いや焼き芋へのこだわり、開業講座などの紹介、通販ショップなどはＨＰに掲載。月間スケジュールやその日の出店場所、あるいはフォロワーの皆さんと意見交換したいことなどはインスタやツイッター、フェイスブックに掲載し、お店で会えるお客さまとも、そうでない人とも、いろいろな形でコミュニケーションを図っています。

ＳＮＳから拡散したフードロス支援

ある日、農業セミナーで出会った俳優の永島敏行さんから「規格外で出荷できないさつまいもがたくさんある」という話が舞い込みました。味は有名芸能人が大絶賛した干し芋の原料となるほどのとてもおいしいさつまいも。それなのにサイズが小さかったり、細かったりで、畑で捨てられたままになってしまうそうなのです。

せっかく育てたさつまいもが、どこにも嫁がずにいるのは悲しすぎる。こんなもったいないことはない！　と、ＳＮＳで現状を伝えてみると、多くのフォロワーさんからご意見をいただいて、最終的には「通販で販売するので、希望者に破格でお送りします」と、生産者、購入者、私もうれしい三方よしで分けることができました。おいしいさつまいもを、おいしく食べてくれる人に届けたい。そんな気持ちがSNSを通して多くの方に共感していただけたと思います。

実のところ、私はSNSを始め、こうした分野に得意なわけではありません。ですが、いろんな方とつながれる楽しさ、こうやって新しい世界を広げる力を知ったら、使わない手はないと思います。私の焼き芋開業講座の受講生の方でも最初は「SNSとかやったことがなくて……」と尻込みされる方もいます。でも開業を機に始めてみたら「便利で楽しいことがわかりました」と認識を新たにされる方も多いです。ぜひ自分から発信することを楽しんで、自分自身をもっと魅せていってほしいと思います。

夏のとうもろこし作戦

調理が必要なものは、焼き芋とは別の許可が必要になるため、リヤカーでの営業はできません。そんな中、やってみようと思ったのが、とうもろこしの販売です。保健所に確認すると、醤油を塗るなど味つけをすることはできませんが、焼きとうもろこしなら、焼き芋のやり方が応用できました。生産者は、同じ県内で自宅から車で2時間くらいのところで見つかったのでそこから仕入れることになりました。

早朝に家を出て、畑に到着します。生産者の収穫を手伝った分を安くしてもらって、自宅にとんぼ帰り。炭を起こしてとうもろこしを焼いて、夕方から売りに出る、というスケ

夏の仕事はどうする？

ジュールです。今朝採って来た「鮮度抜群だからこそ生のままでも食べられるとうもろこし」を、珍しがって大量に買う方もいらっしゃいました。皮つきで焼くことで、ふっくらと甘くなったとうもろこしは「今まで食べた中でいちばん甘い」と大好評でした。

大きな問題に直面！

とうもろこしは新鮮さが命
ザァ…
毎日雨だ…
売りに行けない…
ど
残った100本のとうもろこし
とうもろこし
んっ
一本一本包丁で身を削いで冷凍保存することに…
ヒィィイ…
100本分
もうむり……
ゼェ…
腕が…っ!!!
夏のとうもろこし作戦…挫折!!!
ボロ

さつまいもと違ってとうもろこしは採れたての新鮮さで勝負するため、その日に収穫したものは、早く売り切らないとおいしくありません。大量に残ってしまったからと、食べずに捨ててしまうのももったいない。１００本近いとうもろこしの身を削いだらヘトヘト

になりました。あまりにハードすぎたので、夏のとうもろこし作戦は、あえなく失敗に終わったのです……。

思わぬヒット商品が誕生

きっかけは小学生の言葉

いつものように営業していると
あ〜っ
バッテリーの充電が切れてしまったので
しまった…
暗い中で作業していると
顔なじみの小学生が…
おい芋屋!!
暗い中ぼーっとしてるなら
人力発電で電気つけてみろよ
たしかに…もしできたら夢があるな
…

今思えば、からかわれただけかもしれませんが、「もしできたら夢があるな〜」と頭にずっと残っていました。

あの小学生が言っていたように、もし本当に人力発電できたらおもしろいな。調べてみると、富山県に人力発電の発電機を販売している人がいることがわかりました。走って発電、ジャンプして発電、そのエネルギーで抹茶を点てるとか、わたあめを作るというもの。見ていてワクワクしました。その中の『自転車を漕いで発電しかき氷を作る』という装置を見て「これだ!」と思いました。がんばって漕げば、かき氷が大盛りになる。そんな子どもの夢のような話が実際にできたらおもしろい! あの子も驚いてくれるだろう! 私はこの情熱のまま富山にいき、製作者にお願いして人力発電かき氷機を入手することができました。その年から地域のイベントを中心にかき氷屋も始めることになりました。

「子どもたちが大好きなものだからこそ、安心して食べてもらいたい」

だから、メニューはいちごやマンゴーなどの果物と砂糖だけでできたシロップをかけたかき氷です。ほかにも地元の和菓子店のあんこを仕入れたり、埼玉県産のいちごやブルーベリーを使用したオリジナルシロップを食品会社に頼んで作ってもらったり、焼き芋と芋あんを乗せたかき氷を出したりしています。合成着色料など添加物を減らした自然由来のシロップは、赤、青、緑で慣れた子どもたちにとって、見慣れない色のため「えー、青がないならいらない」「こんなのかき氷じゃない」と拒絶されることもあり、悲しい気持ちになる時もあります。それでも私は「自分の子どもに食べさせたいと思うものを売っていきたい」という思いから続けています。

自転車を漕いでかき氷を作って食べる体験は、かき氷を食べるだけじゃなくて、「おもしろかったね」「よくがんばって大盛りにしたね」という夏の思い出になっています。人力発電を親子で体験することで、電気の大切さや、身近で発電できるものはないかと、話すきっかけになったというお客さまもいらっしゃいます。近年は、この人力発電かき氷も、毎年テレビの情報番組などで取り上げていただいています。ＮＨＫの朝のニュース番組を皮切りに、民放5局、新聞、ラジオにまで20回以上節電やＳＤＧｓの取り組みとして取り上げてもらいました。

いっぱい漕げば
かき氷も大盛りに！

第7章

焼き芋を通した家族のコミュニケーション

開業当初から手伝ってくれた両親

ここまで18年間、介護や出産、子育てをしながら続けてきた焼き芋屋さんは、いろいろな人の手を借りて続けることができました。周りの人に喜ばれる仕事で私が幸せな気持ちになれて、子どもや家族にも広がっていく。焼き芋屋さんって本当にいい仕事なんだなあ、と心から思えるようになったのです。

今が幸せと思える仕事に出会えることは、人生においてもとても重要なことだと思います。今が幸せに思えると、不思議と過去の思い出も書き変わってきます。

毎日家でテレビを観るか寝てばかりいた両親に、恐る恐る「焼き芋屋さんを手伝ってほしい」とお願いしたら、意外にも快く引き受けてくれました。家族の会話がなかったので、私の活動になんて無関心かもしれないと心配でしたが、両親も仕事がしたかったのかもしれません。

手探りではじめた
失敗ばかりの時期も
母は
土付きのさつまいもを
洗ってくれたり
焼き芋を包む袋を
新聞紙で一枚一枚
糊づけして作ったり
営業の準備を
手伝ってくれました
父は

炭をおこすのは
お手のもので
好きな演歌を
流して
お酒を飲みながら
火起こしを
してくれました
運転が苦手な私と
一緒に仕入れ先を
回ったときには
ブロロロ…
名産品を一緒に
食べたり
うまいな
ん〜!!
父が好きな椎茸の
原木を買ったり

小学生のとき以来
20年ぶりに父と二人であちこち出かけました
車がパンクしたときに
タイヤをテキパキと交換する姿を見て
幼い頃父が電化製品を修理する姿を
見るのが好きだったことを思い出しました

大人になるにつれて
次第に負担になっていった
父と母でしたが
二人に助けられながら
焼き芋屋さんを
やることで
家族が
つながっている
気がしました

両親と準備したリヤカーを引いて、娘が焼き芋を売りにいき売上を家族に渡す。働くばかりで趣味もなく、毎日何もしていなかった両親でしたが、娘の仕事を手伝うことで、社会とつながってほしい、元気でいてほしい、そんな願いが叶いました。

両親の新たな姿が見えてきた

さらに、家族で焼き芋屋さんを始めてから、これまでの私の両親への評価も大きく変わりました。

私にとっての父は長年、酒飲みで酔っぱらうと家族に暴力を振るう、悪役的な存在でした。理不尽に母をいじめる暴力的な父に、小さくか弱い母はいつも言う通りにさせられる奴隷のような人生を送ってきました。かわいそうな母。

ところが、仕事を手伝ってもらうようになって、だんだん別の一面が見えてきたのです。今までの思い込みが間違っていたのかも？　と思うようになりました。これは新たな発見でした。

母の意外な一面

子どもの頃
か弱いと思っていた
母は…
明日はこの芋を使うからお願いね
うん
この袋を折っておいてね
うん
…またやってくれてない…!!!
お母さん!
どうしてやっておいてくれなかったの?!!
えー…今日だっけ?
けろっ
か弱い母
かわいそうな母
働き者の母
ガーーン…
意外と母は
我が強かったらしい
…

父の意外な一面

一方…
暴力的だった父は
ヒック…
私の仕事を懸命に支えてくれた
明日は何時に火をつけるんだ？
と前もって聞いておいてくれて
時間の前に仕事を終わらせてくれていた
お父さんが真ん中に炭を置いてくれなかったから
昨日はやりづらかった！
…と私が愚痴をこぼすと
…
次の日から七輪を入れる位置を定規で測って
中心に置くほどの几帳面さだった
キッチリ…！
えっ
※普通は測りません

私が知らなかっただけで、外で働く父は仕事に対してとても真面目な人だということがわかりました。長年、なぜそんなにお酒を飲むのかわかりませんでしたが、真面目さゆえに、飲まないと相手に自分の気持ちを言えなかったのかもしれない。暴力はいけないことですが、母にだからこそ言える関係で、父なりに母に心を開いて、家族を大切に思っていたのかもしれないと思いました。

一方、〝かわいそうな母〟の印象も変わりました。それまでの働き者のか弱いイメージの母から、謝らない我の強さを見ました。ひとりの人間として違った見え方ができるようになったことで、幼いころの記憶にとらわれていた私自身が救われたような気がしたのです。

焼き芋屋さんのおかげで、新たな発見があり、今までバラバラだと思っていた家族でしたが、中心となるものがあって、一緒に歩いていくことによって、ひとりの人同士としてのコミュニケーションがとれるようになりました。

父も母も今はもういませんが、最後まで私に「一生懸命働くように」と言っていました。両親と一緒に焼き芋屋さんができて、共に働くことができて幸せだったな、と思います。

出産後の不安で孤立感に苦しむ

仲間と立ち上げたボランティア団体のスタッフとしていき詰っていて、休みを取り隠れるように生活した妊娠期が終わり、無事に出産しました。けれど、自己否定から子育てに自信がなく、「自分が育てられるのだろうか」と毎日不安でした。赤ちゃんのための正しい食事、正しい母親像を調べ、添加物を一切排除、外食はほとんどせず、パンもお菓子も自分で作りました。産後の体調が戻らなかったこともあり、厳格なマクロビオティック（玄米菜食）生活を続けました。スナック菓子は悪、チョコレートも悪。私が食べたものが母乳になり、小さな赤ちゃんの体を作っているという責任感、それも信じられず、人に頼ることもできませんでした。3時間ごとに授乳しました。3時間たつと、胸が張ってくるだけでなく、呼吸が苦しくなり、すぐに乳腺炎という高熱の出る病気になりました。おっぱいの痛さと高熱からくる寒気、痛みから、横で泣き続ける息子も抱っこできず、「こんなお母さんでごめんね」と一緒に泣きました。子育てサークルなどもありましたが、そのような私に楽しめるわけがなく、育児も孤立していきました。

夫の協力で乗りきった3時間ごとの授乳

息子が十か月のある日、オーガニックショップから「また焼き芋を売りにきてくれませんか?」とオファーがありました。心が踊りました。ですが、乳腺炎に悩んでいた私は、授乳中の息子と長時間離れることができなかったので、夫に相談すると、営業についてきてくれるとのこと。自宅から電車で1時間ほどの場所だったのですが、3時間ごと、授乳のタイミングに合わせて息子を連れてきてくれました。タイミングを見て、私は息子に授乳してまた営業に戻りました。帰る時は、私は焼き芋の軽トラックでの移動、夫と息子は電車で、3時間後には再び授乳できるように計算して別れました。

罪悪感から赤ちゃんを保育所などに預けることができず「3時間ごとに授乳しなければならない」という不安で押しつぶされそうだった私のために、夫はふたりの子の授乳期間が終わるまでサポートをしてくれました。

お母さんとお互いのがんばりを労う場所に

今となっては、なぜ保育園に預けることにあんなに抵抗していたのかと思うほど、当時は世の中や他人のことが信じられずいました。

預けなくても営業できる方法はないか？　リヤカーを引くことは難しくても軽トラックなら隣に乗せられるのではないかと、チャイルドシートに息子を乗せて焼き芋を売りにいきました。息子は移動中に寝て、泣いたらおんぶして営業をしました。歩きまわるようになると、営業中に友達に見てもらうこともありましたが、仕事だけでなく、母の通院のつき添いや急な呼び出しなど、預け先がないことで困ることも多くあり「子離れする時期かもしれない」と、思い切って週に3日だけ保育園に預けることにしました。

預けることに決めたものの、泣いて激しく抵抗して登園しない日も多かったので、結局軽トラの隣に乗せて営業する時もありました。「私から泣いて離れないのは、愛情が足りないからかもしれない。仕事しているのがいけないのかもしれない」と葛藤したこともありました。そんな悩みを、私と同じように小さな子を連れて買いに来てくれるお母さんと話し、お互いのがんばりを労い、泣き、息抜きの時間の大切さを感じました。

「正しい育児」に迷っていた時

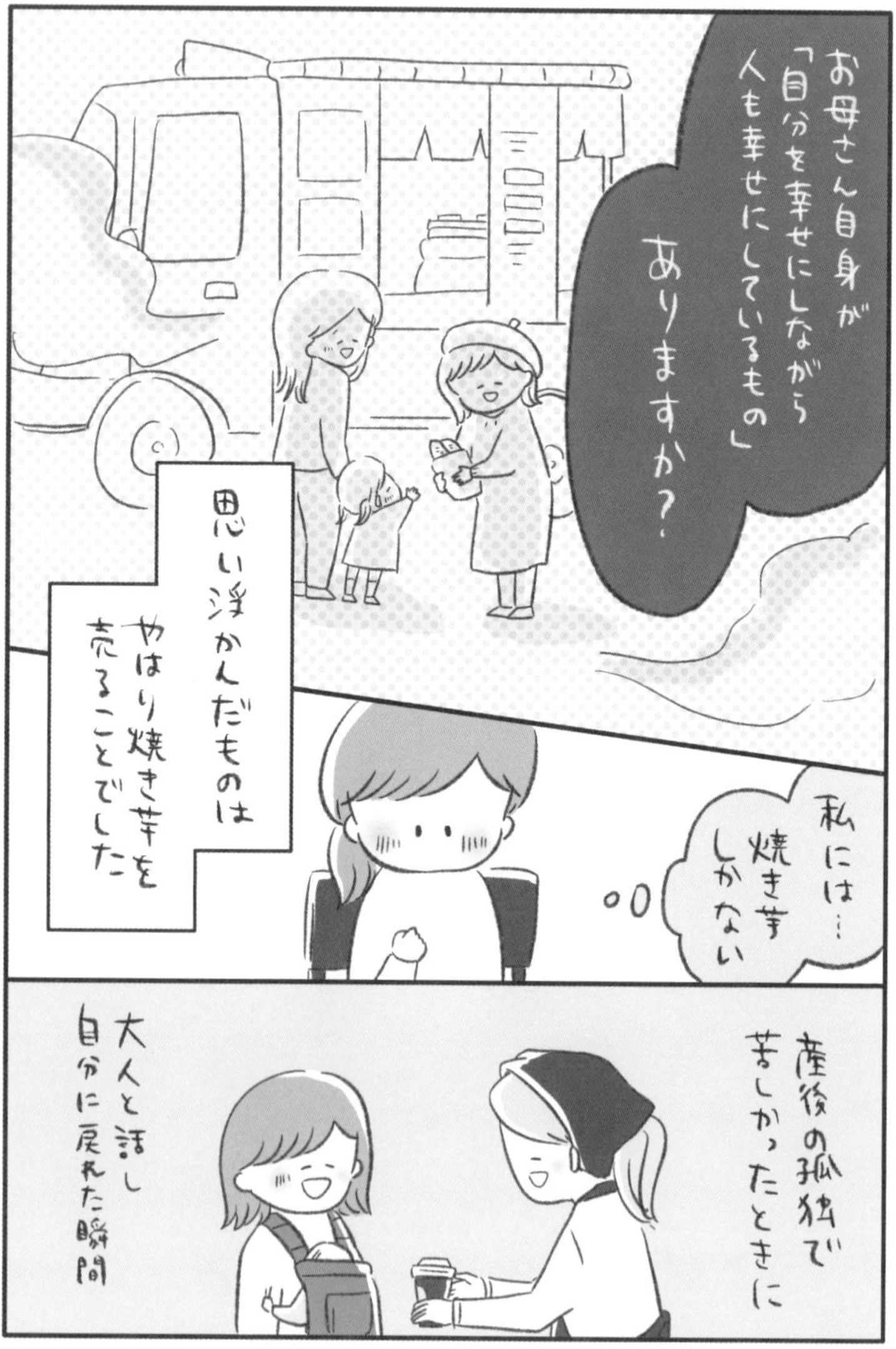
お母さん自身が「自分を幸せにしながら人も幸せにしているもの」ありますか？
思い浮かんだものはやはり焼き芋を売ることでした
私には…焼き芋しかない
産後の孤独で苦しかったときに
大人と話し自分に戻れた瞬間

子どもに食べさせたい
安心安全なものが
見つからなかったとき
「焼き芋なら
同じものを
分け合える」と
光が見えた
瞬間…
そして
ありがとう
喜んでもらえる風景

「ありがとう」と
小さな手を振って
いつまでも
見つめてくれる
子どものあの
眼差し

やき
私には
自分を幸せにしながら
人を幸せにする未来を
作ることができる
ダメでも
自分らしく生きることが
我が子に見せられる
母親像なのかも
しれない

開業してから10年がたっていました。

それまでは子どもの生活リズムに合わせて、「私のような子にならないように、正しく育てよう」と、マニュアル以外は悪と思っていたのですが、「私はどうしたいか？　どうしたら心地いいのか」を意識するようになりました。毎日強烈に自己主張をしてくる子どもたちに対してどうやって自分を出していくか、少しずつ「正しい育児」を手放して、いこうと決意しました。

家族で作る焼き芋屋さん

子どもたちが保育園、小学校と少し大きくなると一緒に活動することができるようになりました。家庭内アルバイトとして、さつまいもを洗ってもらったり、裁縫でいも子ちゃんグッズを作ったり、畑に一緒に草取りにいったり。土・日のイベントの時は一緒に焼き芋を販売したりしました。

下の子は女の子で社交性があったので、イベント会場では同じ出店者やスタッフの方と仲よくなり、焼き芋をＰＲしてお客さまを連れて来るなど、我が子ながら頼もしい一面を見せてくれます。シャイな息子はレジ係をやってくれました。

このようなイベントでは、いろんな方が出店しています。アクセサリーや布小物など手作りの作品を販売している人もいれば、農産物や惣菜、お菓子を販売している人、ものではなく音楽ライブやライブペイントで投げ銭をもらっている人、キッチンカーでもコーヒーやピザやタコライスなど、世の中には自分の得意なことを生かして生活している人が多くいることを、子どもに見せることができたと思います。「同じキッチンカーでも、いろんな人がいるんだね」と、子どもたちにとってたくさんの人と出会い、いろんな生き方を一緒に見ることができるいい機会になっています。

思うとおりにいかない育児

「働くママは子どもが熱を出しても何度も休みにくい」「長期休みがあるから、子どもが大きくなるまで働けない」そんな話を耳にして久しいです。最近ではさらに深刻化していて、テレビなどのニュースでも「学級閉鎖で子どもが休みだから、自分も仕事を休むことになって困っている」という声も聞きます。子どもをもつ母としては、自分が休むことで周りに迷惑をかけるという申し訳なさがありますし、一度なら言えても、二度三度と続くと心苦しい。こういった話は子育て中によくあることだと思います。

我が家の場合は〝繊細長男くん〟と〝おてんば妹ちゃん〟のため、発熱などの体調不良で休むこともちろんあったのですが、それより本人が保育園にいきたくないと休むことが多くありました。今でこそ「お母さんいってらっしゃい」と送り出してくれますが、小さいころは特に息子が私にずっとべったりで、独身の時のように思ったように営業できない日々でした。赤ちゃんのころはおっぱい、おっぱいと泣き、授乳があったので、どこにいくのにも連れていきました。保育園に入ると「保育園にいきたくない。お母さんについていく」と泣く日々。無理やり連れていこうにも、頑として動かず、担ぎ上げて強制連行しようにも、まるで大型の活魚のように暴れました。背中に妹ちゃんを背負った状態では強制連行もできず、家に子どもをひとりで置いていくこともできず、困り果てた結果、「営業につれていく」という日々を過ごしていました。「休む代わりにお母さんとお仕事するんだよ」と家の家事はもちろん、一緒に営業の準備で焼き芋を洗ったり芋を運んだり、軽トラに乗って営業先に売りにいったりしていました。

おかあさんはここにいるよ――お帰りと言える仕事

そんな息子が小学校に入り、時々嫌がりながらも、登校して学校にいっている時には、学校のそばを焼き芋の音楽をかけて通ったりしました。〝お母さんはここにいるよ〟と応援の意味もありました。自営業で仕事の時間に融通がきくので、ＰＴＡ活動の中で、私自身が興味のもてることに積極的に参加して、息子と学校の話題を共有できるようにしながら、息子を応援してきました。もし、会社に勤めていたら、仕事を休めたとしても周りの方に迷惑をかけることが気になり、申し訳ない気持ちになってしまい、私は退職していたと思います。自分のペースで仕事をすることで、無理せず、子どもと自分に寄り添った生き方ができたなと感じています。

ある時など、営業中にご近所のママから「お兄ちゃんが鍵を忘れたと言って家に入れないでいますよ」と連絡がありました。そのまま放っておくわけにもいかず、急いで家に戻りました。その間、お客さまが来てくれるかもしれないので、お客さまには「ごめんなさい！　息子が鍵を忘れたので、開けるために家に帰ります。15分営業を離れます（涙）」とSNSで発信し、焼き芋の音楽を流しながら急ぎで鍵を開けに帰りました。無事に鍵を開けて息子を家の中に入れ、ご近所のママに挨拶し、また営業に戻ることができました。

　驚いたことに、後日、焼き芋を買いに来てくれたお客さまからいちばん反響があったのがこのエピソードです。「うちもよく鍵を忘れました」「首から下げていてもなくします」と多くの方から共感されました。子育てエピソードをお客さまとおしゃべりできた楽しい時間になりました。

　一方妹の方は、学校や給食を楽しみにしているおてんば娘。友達も男の子ばかり。玄関にランドセルを置くなり「いってきまーす！」とどこまでもいってしまう、怖いもの知らずの子に育ちました。子どもはそれぞれ個性があり、息子とは違った手のかかり方です。

繊細な長男

繊細な長男は
小さい頃はずっと私にべったりで
どこへ行くにも連れていった
おも…
小学生になっても嫌々登校することがあったので
いきたくない〜
学校のそばで焼き芋の音楽をかけ
お母さんはここにいるよ
ひそかに応援していた

奔放な長女

おてんばな妹は
お母さん今日学校から帰ったらいる？
おやつが何か知りたいの
足りなかったら何を食べるのか心配で…
なんとも食い意地が張った娘…
…
なので娘が帰宅後
おやつを用意してから営業に行く私であった

第8章

焼き芋で作りたい未来

農薬を減らしたさつまいも栽培との出会い

生産者の存在が見えるようになってから、私は焼き芋の作り方や育ち方にも興味をもつようになりました。夏は時間の余裕があったので、農業に関する勉強会に出たりし、これをきっかけにさまざまな栽培方法や思いをもった生産者がいることを知りました。形がいいものを安定的に供給することを大切にしている方、多品種を混在して育てることで農薬を減らして育てる研究をしている方、たった1匹の虫も許さず徹底管理している方、持続可能な農業をやりたいとすべてを手作業でする方。ほかにも発酵や菌と共に育てる方などなど。

そんな中、大きな出会いがありました。俳優の永島敏行さんが主催するセミナーのゲスト講師で来ていた、農薬を減らして栽培する生産者を取りまとめる生産者組合を運営されている方が、さつまいもを有機栽培している生産者を紹介してくださったのです。こちらは家族経営の温かい生産者でした。この時に初めて、農薬や化学肥料を使わず、植物の力を信じるという栽培方法があると知りました。それまで出会った生産者の多くから「農薬を使わないで育てるなんて絶対無理」「そんな人はいない」と言われていましたが、この生産者からは、土とうまくつき合えばおいしいさつまいもが作れるのだと教えてもらいました。

この生産者のさつまいもを食べて初めて、焼き芋のおいしさは甘さだけではない。甘い焼き芋は世の中にたくさんあっても、香りと風味が大切だと気づきました。

生産者の思いを伝えたい

多くの人が求めているのは、見た目が美しく、味も形も安定したさつまいもです。私もそれまではさつまいもとはまっすぐでふっくらした形がすべてだと思っていました。ですが、野菜にはもってそなわった生命力があること、土自体にも力があり、肥料や栽培方法で化学的な農薬や肥料を使わずに育てることができることを知りました。

世の中に「栽培期間中農薬不使用のさつまいも」を焼き芋にして販売している店がほとんどないため、そんな栽培方法もあるということ伝えたい。あの日おいしいと感動した、見た目が悪くてもおいしい焼き芋を「いも子のやきいも」として多くの方に食べてもらいたい。草取りが多かったり、傷がついていたり、収穫量が減ったり、手間暇かけた分の仕入れ金額が上がりますが、それでも自分がおいしいと思うもの、自分の子どもに安心して食べさせたいものを売りたい。

種を蒔いて、茎や葉が育って、花が咲いて、実がなって、収穫できる。それは簡単なことではありません。長雨や日照りなど、天候の影響を受けることもあります。だから作物はどんな育て方どんな作物でも、素晴らしい。その中でもさらに思いをもって育てている生産者と消費者をつなぐのが焼き芋屋だと思っています。

農業体験「芋づるプロジェクト」の始まり

私の住む地域には畑はほとんどありません。子どもに土を触らせたいと思って狭いベランダにプランターを置いて植物を育てるのですが、つい水やりを忘れてしまい、これまでトマト、バジル、なす、ラディッシュ、枝豆、食べ物以外にも水やりの少ない観葉植物、ついにはサボテンまで（！）多くの植物を枯れさせてしまいました。このような話は私だけではなく、よく聞く話です。植物とは縁遠いし、畑なんてまったく縁がない、そう思っていました。

けれど、産地の畑を訪れるようになって、生産者から栽培方法を教わったり一緒に作業を体験するうちに、自分でもさつまいもを育ててみたくなりました。

まず市役所の農政課に相談にいくと「保育園の芋掘り体験に協力している生産者がいる」と教えてもらい、早速相談し、芋掘り大会をさせてもらうことにしました。私のお客さまを中心に声をかけ、集まった10組の親子。事前に生産者がさつまいものつるを切ってすぐに掘れるようにしてくれていました。

シャベルでさつまいもを掘り「誰がいちばん大きな芋を掘り上げるか？」コンテストも開催。景品に焼き芋をプレゼントしました。その時に参加してくれた方の楽しそうな顔が忘れられず、「こんな活動をしていきたい」という気持ちになりました。

この時に気になったことがありました。芋掘り大会では、生産者の方がこの日まで事前に準備をしてくれている。土作りから植えつけ、草取り。当日もつるを切って子どもたちが掘りやすくしてくれたこと。それらは参加する親子には一切わかりません。この工程を知らないでただ掘るだけはもったいない。やはり自分で畑を借りて育ててみたい、とあらためて思いました。

畑を探し始めましたが、一個人が知らない人から畑を借りるのは難しく、なかなか見つかりません。この時も永島敏行さんが主催する農業のセミナーに参加したご縁で、千葉県に畑をもっていらっしゃる方をご紹介いただきました。セミナーからの薄いつながりでしたが、永島さんの信用で借りることができました。

畑は家から2時間。遠くてなかなかいくこともできず、結局植えつけ後は栽培期間中に一度も水やりも草取りにもいけなかったのです。ところが、さつまいもはよい土のおかげで、しっかり大きく育っていました。畑ってなんて偉大なんだろう！　ベランダではすぐに枯れてしまったさつまいもが、水やりも草取りもしていなかったのに、勝手に大きく、おいしく育っていました。農薬も化学肥料も使わず、ただ植えただけ。「植物を育てることは、まめに手入れの必要な根気のいる仕事」と思っていた先入観が、ガラガラと崩れました。この経験が私を大きく変えました。「命は強い。種さえ蒔けばあとは自然に任せ、育つ力がある」そう思うようになりました。

植えつけから口に入るまでを伝えたい！

「形が悪くてもおいしい。見た目や量にこだわらなければ、農作物を育てることは特別なことではない。私が体験した喜びや感動を伝える活動がしたい！」

それから数年後、ようやくご縁がつながり近くに小さな畑を借りることができました。そこで、5歳の長男と1歳の娘、夫と一緒に、家族で畑をすることにしました。知り合いの生産者に指導を仰ぎ、まずはじゃがいもを植えました。収穫の時にはママ友やその家族を呼び、採れたてのじゃがいもを蒸して食べました。自分たちの手で食べ物を生み出す。自然の力を感じる。その喜びを大切な人たちと分かち合えたことが、大きな自信になりました。

収穫だけじゃない、土に触れて、作業の工程も楽しもう！　その後はさつまいもの植えつけをする会、みんなで草取りをする会もやりました。地味な草取りでも、みんなでやったら楽しい。さつまいもは夏につるや葉っぱが大きく育ちます。食べられるのはお芋の部分だけじゃなく、つるや葉っぱまで食べることができることを伝えたいと「芋づるレシピの募集コンテスト」もやりました。葉っぱの形を生かしたレシピ、つるの食感を生かしたもの、さまざまなアイデアとが集まるとともに、コミュニケーションが広がりました。

畑を通じて、生きる希望を見出してくれたら

私がさつまいもを育てている畑は、農業と言うには、生産者に対して申し訳ないくらいの規模です。でも、子どもたちに将来、こうやって作物を育てれば生きていける、食べものを育てることは難しいことじゃない、そう思ってもらえたら嬉しいです。きっとそれは、生きることに希望が見出せなくなっても、社会人として働くことに迷いが出た時にも、「食べものと安心して眠る場所があれば生きていける」と、畑での体験を通して生きる希望を見出してくれたらいい、何もかも投げ出したくなった時に、生きていくための選択肢が増えたらいいなという願いを込めて活動しています。

収穫したさつまいもは、きれいな形のものもあれば、小さい大きい、ぼこぼこしてたり大きさも形もさまざまです。いろんな形ができ上がるけど、それでいいんです。そういうことも理解してもらえたら、と思っています。

「いも子のやきいも」では、大きさや形が均一ではありませんが、お客さまは喜んで買っ

てくださいます。生産者の思いや芋作りの楽しさ、私たちの活動の思いを乗せて、お客さまに伝えることも街の焼き芋屋さんの仕事だと考えます。自然のものだからいろんな形があることを、食の現場でも農の現場でも伝えることで、それぞれの個性を生かしながら目の前の人を幸せにする、そんな世の中になったらいいな、と思っています。

子どもバイト結成

それぞれの個性を生かしながら目の前の人を幸せにする、それはお芋だけでなく、焼き芋の販売の現場でも同じです。我が家の子どもたちが3～4歳になると、一緒にさつまいもを洗ったり袋にスタンプを押したりと、自然と私の仕事を手伝ってくれるようになりました。

長男が小学校高学年になった時、おもしろいことが起きました。相変わらず繊細な息子は社交的なタイプではなかったので、家に人が来ることはほとんどありませんでしたが、突如「今日は友達がうちに来る」と言うのです。

これが子どもバイトの始まりです。

子どもバイトの始まり

どうしよう
あわ
あわ
家の中も片付いてない…!
おじゃましまーす!!
慣れない出来事にどう対応しようかと困惑しながら迎えました
…ふと
…アルバイトする?

さつまいも洗うのだけど
手伝ってくれる？
アルバイト代は
焼き芋だよ
洗います!!!
キャッ
キャッ
ザー…

他に何か
やること
ありますか？
お
じゃあ次はね～…
お礼の焼き芋も
とても喜んで
くれました
また
やりたい！
次はいつ
やりますか？
これが
子どもバイトの
始まりです

結局そのシーズンは10人くらいの友だちが交代で我が家に来て手伝いをしてくれました
わい
次 何やりますか?
がや
ガヤ
持ってくぞー
ありがとう 今は大丈夫
わい
あー!! 負けたっ
彼らは遊びながら仕事をするという
大人ではできない柔軟な働き方を楽しんでいました
ふふ

夏の子どもバイト

彼らは「いも子のやきいも」の夏の仕事である人力発電かき氷でも、大きな戦力になってくれました。一緒にお客さまを呼び込んだり、自転車型の発電機を漕ぐ人に「がんばれ〜」と声を掛けたり。まだうまく漕げない小さな子どもさんの時は、彼らが代わりになって漕いでくれました。こちらのバイト代はかき氷。彼らの元気な声でお店も盛り上がりました。

自然体で関われる大人がいる大切さ

畑の芋づるプロジェクトや子どもバイトさんの活動などの原点はどこにあるのか。昔、小学校の近くには駄菓子屋さんがあって、放課後の子どもたちがたくさん集まっていました。駄菓子を買うのももちろん楽しかったけど、友だちだけでなく、年齢の違ういろんな子が集まっていること、お店のおばちゃんと話す体験、まさに「子どもの社交場」そのものだったと思います。

駄菓子屋だけでなく、私が幼いころは個人店がたくさんありました。母に連れられて買いものにいくと、魚屋さんが扉の奥で魚を捌いていたり、豆腐屋さんが大きな水槽の中で豆腐を切っていたり、お肉屋さんが肉を切る姿、蒲鉾屋さんが練りものを丸める姿、畳屋さんが畳の端を削る姿、母が店主の人や近所の人とおしゃべりする間に、作業の様子を見ているのが楽しかったのを覚えています。

その中でもいちばん影響を与えたのが、母と通っていた銭湯です。いつも私が先に出て、母が出るのを待つ間に番台のおばさんとおしゃべりしながら待ちました。

ある日、学校の先生から言われた「不良の家は環境が悪い」という一言が頭に残り、自分は大丈夫だろうか、と不安でいっぱいな気持ちをおばさんに話しました。今思えば、仕事中だったので、ただ「うん、うん」と頷いただけかもしれませんが、「私の話をこんなに真剣にきいてくれる大人がいる」ということに感動し、いつしか自分もこんな大人になりたいと思いました。

おばちゃん！
あら　いらっしゃい
銭湯の番台のおばさんとのおしゃべりは
とても楽しいひと時で
学校の話や友達の話を
いつもうんうんと聞いてくれて
不安な気持ちを相談したときも
あなたなら大丈夫よ
それだけで
心が軽くなったのを覚えている
私もこんな大人になりたい
ぐっ…

銭湯のおばさんの存在が私に影響を与えたように、誰かの日常にちょっとしたやさしさを、ワクワクを届けたい、そう思いながら焼き芋を渡しています。

学区に一つ、焼き芋屋さんを広めたい

小学校の学区に一つ、子どもが自分でいける範囲に焼き芋屋さんがある日本にしたい。それが私の夢です。子どもたちが焼き芋屋さんにいくことで、おいしい焼き芋と温かい気持ちを買うだけでなく、かつての個人店のように大人の仕事を垣間見ることで、大きくなって働くことが楽しみになる、そんな社会にしていきたい。

そのためにも焼き芋屋さんを増やしていきたいと、現在は開業講座を開き人に教えている私ですが、もともとこのように考えていたわけではなく、自分と自分の家族が幸せで、マイペースに活動できれば、それでいいと思っていました。ですが、子どもたちは成長するにつれ、行動範囲が広くなります。よちよちと散歩で歩く公園が多くなり、保育園にいくとさらに出会う人が広がり、母の知らない言葉を覚え、友達と喧嘩し、先生の影響を受けていろんな言葉を覚えていきました。小学校、中学校……と子どもの世界がどんどん広く

なり、小さいながらも育った環境の違いからいろんな価値観と出会うようになりました。そのうち高校になるともっと範囲が広がります。高校に進まず、日本全国に、世界各地にいく可能性もあります。そんな時、自分の身近にあった焼き芋屋のあたたかい世界を、心の奥のぬくもりとしてもっていてほしい。日本中のどんな子どもにも、そういうぬくもりを共有してもらいたい。そのために焼き芋屋が役に立てるなら、誰かを幸せにできるなら、この活動をもっと広げていきたいと思いました。

焼き芋屋さんができることで、まずは子どもが自分の意志で遊びにいけるような、憩いの場ができる。小学校の子どもたちがいける範囲の場所、小学生の学区に一つこういう場所を作っていきたい！

ですが、私ひとりの活動では限界があるので、私はこれまでの18年間で培ってきたノウハウのすべてを焼き芋の学校でお伝えして、その方らしく開業できるサポートをしています。受講される方は私の生き方に共感してくださる方や、「自分のお店をもってみたい」「好きなことをしながら地域の方のお役に立ちたい」など、いろんな想いの方がいらっしゃいます。みなさん、それぞれの場所で自分らしく、周りの人を幸せにする温かい世界を広げています。

開業してから今日までの数々の失敗で、自信をなくしやめたくなることもありましたが、それでもその経験が、今では開業講座に生きています。私の失敗の経験を喜んで聞いてくれる方がいる。人生には無駄なことがなく、回り道しても一緒にあたたかい世界、未来の子どもたちが暮らしやすい明るい街を作る仲間ができました。

人が明るくなると街が明るくなります。子どもたちが明るい街ですくすくと育ってほしいというのが私の願いです。

おわりに

28歳の時出会った一冊を読んだだけで、なぜ私が「焼き芋屋さん」になることを決めたのか、なぜ続けることができたのか。人と一緒に働けないと思っていた私が、今こうして仲間と焼き芋を売り、焼き芋屋さんが作る未来への希望を語っています。

焼き芋屋さんが作る未来、可能性を、もっとたくさんの人と語りたい。そう願いながら、今日もおいしい焼き芋を届けるために、街に立っています。

まだ開業したばかりのころ、保育園や習い事の帰りに焼き芋を買いに来てくれる親子がたくさんいました。公園帰りの数組の親子は、毎日のように来てくれて、お母さんたちは焼き芋を食べる子どもたちの姿を見ながらおしゃべりをしている。本当によくお店に足を運んでくれ、その子たちの成長と会話を楽しんでいました。

小学校に入った。弟が生まれた……。

そして十数年、その子たちは成長し、20歳代に。そのうちのひとりの女の子がデザインの勉強をしていて、「いも子のやきいも」のインスタのデザインにアドバイスをしてくれるなど、いまだに交流が続いています。彼らのお母さんが当時を振り返って言ってくれた言葉、

「あのころは焼き芋に本当に助けられました。安心して子どもに食べさせられるので。その時の光景も、いも子さんとのやりとりも、本当にいい思い出です」

ああ、焼き芋屋さんを続けてきてよかった！　と心から思いました。親子の記憶、思い出を作ることができたんだ。そう思うと胸がいっぱいになりました。夕暮れの公園で、子どもたちとお母さんが焼き芋をうれしそうに手にしてくれる。私にとっても焼き芋屋さんを続けていく支えとなっている光景です。

たとえ小さなお店だとしても、自分の夢を叶えること、悩みながら、試行錯誤しながらでも自分らしく生きる姿は、自分自身を幸せにするだけでなく、それを見ている周りの人も幸せにします。ぜひ多くの方に、自分を幸せにしながら、目の前にいる人を幸せにする、そんな暮らしをしていただけたらと思います。

まずは一歩踏み出してみること。孤独で先の見えなかった18年前の私にも伝えてあげたいです。焼き芋ののぼりを立てた皆さんと街でお会いできるのを楽しみにしています。

阿佐美やいも子

阿佐美《あさみ》やいも子

埼玉県出身。いちばん取材の多い『いも子のやきいも』店主。

パート調理師から、一念発起してリヤカーで焼き芋屋を開業。介護、出産、育児に取り組みながら18年。月商100万円を売り上げる「焼き芋界のカリスマ」として毎年テレビ等の取材を受け、メディア出演は30回を超える。現在は焼き芋屋開業講座や、営業ブランディングを確立する『芋づる式に夢を叶えるブランディング講座』を開催。

◎【公式】焼き芋　阿佐美や
https://yakiimo-asamiya.com/

◎ Instagram
https://www.instagram.com/asamiya.imoice/

◎ Facebook
https://www.facebook.com/imokonoyakiimo

わさび

愛知県出身。絵本作家・イラストレーター。絵本『きのうのあなたと手をつなぐ』（みらいパブリッシング刊）。Gakken子育てサイト『こそだてまっぷ』にて、子育てマンガを連載中。

◎ Instagram
@wasabi_2910

いも子《こ》さんのお仕事《しごと》

夢《ゆめ》をかなえる焼《や》き芋《いも》屋《や》さん

2023年2月24日初版第1刷

著　者　阿佐美《あさみ》やいも子《こ》
マンガ・イラスト　わさび
発行人　松崎義行
発　行　みらいパブリッシング
〒166-0003 東京都杉並区高円寺南4-26-12 福丸ビル6F
TEL 03-5913-8611　FAX 03-5913-8011
https://miraipub.jp　mail:info@miraipub.jp
編　集　小根山友紀子
ブックデザイン　清水美和
発　売　星雲社（共同出版社・流通責任出版社）
〒112-0005 東京都文京区水道1-3-30
TEL 03-3868-3275　FAX 03-3868-6588
印刷・製本　株式会社上野印刷所

ISBN978-4-434-31702-6 C0077